储备货币的汇率波动效应及其应对研究

廉政 著

中国财经出版传媒集团
中国财政经济出版社

图书在版编目（CIP）数据

储备货币的汇率波动效应及其应对研究 / 廉政著. —北京：中国财政经济出版社，2019.9

ISBN 978 - 7 - 5095 - 9117 - 8

Ⅰ.①储… Ⅱ.①廉… Ⅲ.①储备货币 - 汇率波动 - 研究 Ⅳ.①F830.73

中国版本图书馆 CIP 数据核字（2019）第 150559 号

责任编辑：孙 琛 付克华　　　　责任校对：胡永立

封面设计：李俊良

中国财政经济出版社出版

URL：http：//www.cfeph.cn

E - mail：cfeph @ cfeph.cn

社址：北京市海淀区阜成路甲 28 号　邮政编码：100142

营销中心电话：010 - 88191537

北京财经印刷厂印刷　　各地新华书店经销

787 × 1092 毫米　16 开　9.5 印张　180 000 字

2019 年 9 月第 1 版　2019 年 9 月北京第 1 次印刷

定价：48.00 元

ISBN 978 - 7 - 5095 - 9117 - 8

（图书出现印装问题，本社负责调换）

本社质量投诉电话：010 - 88190744

打击盗版举报热线：010 - 88191661　QQ：2242791300

在国际经济发展过程中，伴随着贸易全球化、生产全球化和金融全球化的进程，汇率的作用和影响力越来越大。自布雷顿森林体系解体以来，具有浮动性的汇率制度逐步成为国际货币体系的主流制度安排。据 IMF 统计，截至 2018 年，全球实行严格固定汇率制度的经济体仅有 24 个，且均为小型经济体；全球大多数经济体的汇率制度具有不同程度的浮动性。浮动的汇率制度虽然具有调节国际收支、改善贸易条件、稳定资本流动、增强本国经济的自主性和防御性等积极作用，但却导致了汇率的波动性越来越大，汇率风险和汇率波动对各国经济和国际经济的冲击也越来越明显。汇率同时作为外汇市场的内生变量和货币政策工具的外生变量，其决定、波动、传导和影响也越来越复杂。

另外，随着国际货币体系的发展，储备货币的形态逐步由黄金过渡到了主权货币，储备货币的汇率波动性和冲击力也逐步增强。随着全球经济发展和国际贸易规模扩大，全球外汇储备规模也在迅速增加。据 IMF 统计，截至 2019 年一季度，全球外汇储备规模高达 1.159 亿亿美元，其中，61.82%是美元，20.24%是欧元。在汇率波动性越来越大的情况下，高额的外汇储备对各非储备货币国来讲，面临着巨大的风险和不确定性。如何减少以美元、欧元为主的储备货币汇率波动对各国储备资产及其经济发展、国际收支、政策制定等带来的不利影响，是各非储备货币国面临的共同难题。

尽管在金融理论研究中，汇率问题是极为重要的研究领域，对汇率波动所造成影响的研究也由来已久，已经形成了一大批成熟的理论研究成果，但是以往对汇率波动影响的研究，并不区分储备货币和非储备货币，也鲜见把汇率波动对实体经济和金融的影响进行分类研究。而在现行国际货币体系框架下，以国际储备货币为对象来研究汇率波动对国际货币体系中不同地位国家的影响机理，分析储备货币汇率波动效应和非储备货币汇率波动效应是否具有差异性和非对称性，尤其将储备货币汇率波动效应分为“实体效应”和“金融效应”，研究各种效应的传导机理、差异性和非对称性的影响及其原因，探寻应对储备货币汇率波动效应的方法和对策等，是极为必要和重要的，有助于我们深化对国际货币体系和汇率问题的认识。

中国改革开放40年以来，汇率制度由固定汇率制度转变为有管理的浮动汇率制度，人民币汇率波动区间逐步扩大，波动性增强；中国外汇储备规模随着国际贸易的增长迅速扩大；同时中国资本账户逐步开放，资本流动性增强。以美元和欧元为主的储备货币的汇率波动是中国所面临的一项重大风险。汇率波动不仅影响中国的储备财富和国外资产价值，而且对中国的市场价格、国际贸易、资本流动、金融市场、货币政策等诸多方面都会产生不同程度的影响。在此背景下，如何应对储备货币国的货币政策变化和汇率波动对中国经济和金融的冲击，怎么防范汇率风险，中国应采取什么样的货币政策并保持相对独立性，人民币国际化进程中如何提升国际影响力并发挥积极的汇率稳定作用等问题，都是值得深入研究的现实问题。

廉政博士的学术著作《储备货币的汇率波动效应及其应对研究》在全面回顾相关文献的基础上，采用理论研究和实证研究的方法，比较深入地探讨了储备货币汇率波动对一国贸易、经济、物价、利率和资本流动的传导机制与影响程度。其主要贡献体现在3个方面：第一，从历史的视角梳理了不同时期国际货币体系下汇率波动的特点和演进轨迹，发现随着国际货币体系的历史变迁，储备货币汇率的波动性在逐渐增强，汇率波动的外部影响也逐渐增大。而储备货币发行的稳定性日益下降，加剧了汇率的波动效应及其表现和差异，在一定程度上扩展了对国际货币体系的研究视角。第二，以国际储备货币为对象，研究汇率波动对在国际货币体系中地位不同国家的影响，从理论上论证了储备货币汇率波动效应存在着显著性、差异性和非对称性，探究了储备货币汇率波动对储备货币国和非储备货币国的非对称性影响及其机理，并利用全球26个主要经济体的数据，证实了储备货币汇率波动所带来的影响大于非储备货币汇率波动所带来的影响；储备货币汇率波动对储备货币国的影响小于对非储备货币国的影响，深化了汇率波动问题的理论研究。第三，从实体经济和金融两个视角，进一步将储备货币汇率波动效应分为“实体效应”和“金融效应”，其中，实体效应包括“贸易效应”和“产出效应”；金融效应包括“价格效应”“利率效应”和“估值效应”，在对每种效应的传导机理、差异性和非对称性原因进行理论分析的基础上，通过实证研究发现了储备货币汇率波动的贸易效应、产出效应、价格效应、利率效应和估值效应都具有显著性、差异性和非对称性的特征，在对影响各种效应的主要因素进行分析的基础上，提出相应的对策建议，有较强的现实意义和应用价值。从总体上来看，本书的研究视角较为新颖，分析思路和逻辑比较严谨，数据详实，论证充分，观点鲜明。本书的出版对汇率波动的理论研究和中国货币政策与汇率政策的制定具有一定的参考价值。

本书是作者在其博士论文的基础上修改完成的。作为指导教师，看到学生多年努力的成果即将公开出版深感欣慰。但储备货币的汇率波动问题涉及面很广，书中的研究也只是对其中一隅的认识，希望作者能够在此基础上进一步深入研究，也希望此书的出版能够引起更多有识之士对汇率波动问题的关注和求解。

李健

2019 年 8 月 12 日

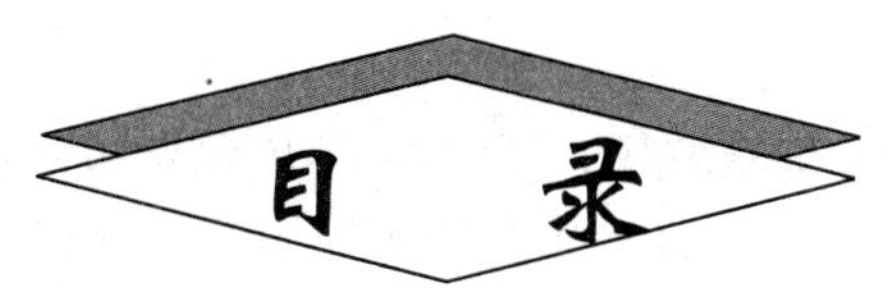

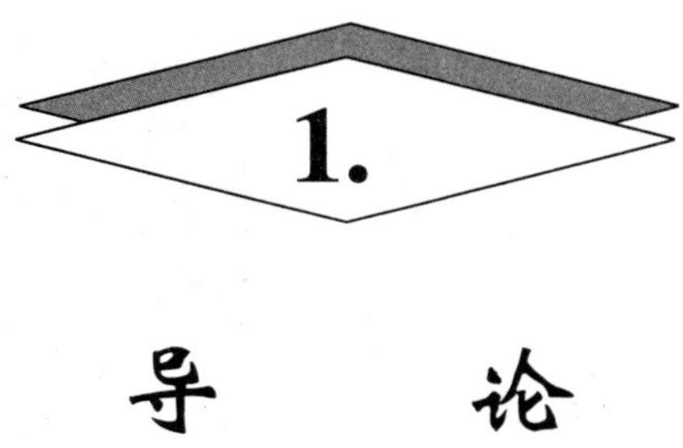

导　　论

1.1　研究背景与问题的提出

自 1994 年人民币汇率制度改革以来，中国保持了长达 22 年的经常账户盈余（见图 1－1）。长期的贸易顺差使我国外汇储备迅速增长，到 2014 年接近 4 万亿美元的外汇储备峰值。尽管 2014 年后由于央行的外汇市场操作以及美元升值等原因导致我国外汇储备有所下降（于长洁，2017），但在 2017 年年底，我国的外汇储备依然有 3.1 万亿美元之多（见图 1－2），占全球外汇储备总额的 1/4。

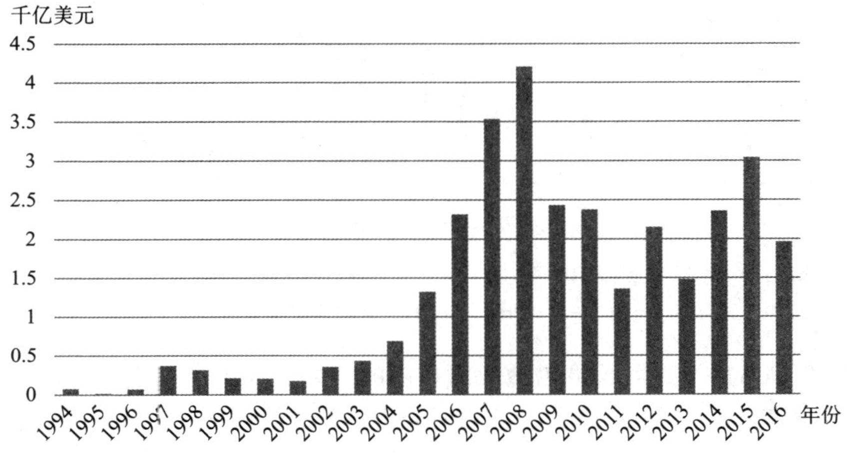

资料来源：中国外汇管理局。

图 1－1　中国 1994～2016 年经常账户余额

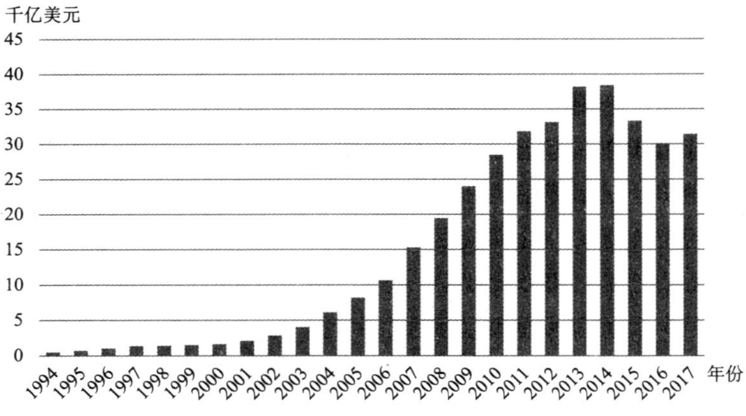

资料来源：中国外汇管理局。

图 1－2 1994～2017 年中国外汇储备

与此同时，世界外汇储备总量也迅速增长。到 2014 年，世界外汇储备总量接近 12 万亿美元，其中发展中国家的外汇储备大约占全球外汇储备的 2/3，接近 8 万亿美元。1994～2014 年全球外汇储备增长了约 10 万亿美元，其中 70% 来自于发展中国家（见图 1－3）。

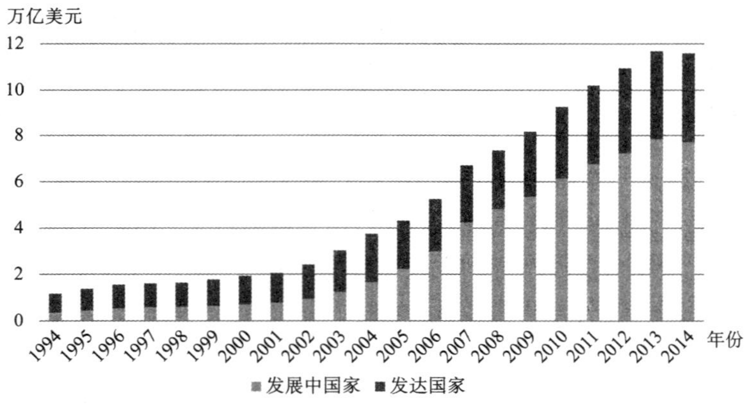

资料来源：国际货币基金组织 IFS 数据库。

图 1－3 1994～2014 年全球外汇储备①

外汇储备的迅速增长给包括中国在内的广大发展中国家带来了巨额的财富，但也带来了沉重的负担。一方面对外汇储备的管理是一项充满挑战性的任务；另一方面储备货币汇率的波动会给一国储备资产带来诸多不确定性因素。

① 从 2015 年第二季度开始，该数据不再区分发展中国家和发达国家。

在我国外汇储备迅速增长的同时，人民币汇率制度改革的推进增加了汇率的波动性。自2005年人民币汇率参照一篮子货币进行有管理浮动以来，人民币的汇率波动空间逐步扩大，从改革之初的日浮动0.3%到2016年日浮动2%（崔百胜等，2016）。人民币汇率波动性的增强对我国对外贸易、资本流动、经济增长等各方面产生了深远的影响，有大量学者对人民币汇率波动以及由此所产生的问题进行了深入研究。谭小芬等（2016）研究了汇率波动对我国企业出口的影响；王雅琦等（2015）利用微观数据研究了人民币汇率对我国企业出口的影响；李艳丽等（2016）研究了考察了人民币汇率预期对我国进口价格的影响等。

在世界范围内，外汇市场也随着西方发达国家的政策转变而剧烈波动。为应对2008年的金融危机，西方各国相继推出量化宽松政策，资本大量涌入发展中国家，引起主要国际储备货币的持续性贬值；从2013年底开始，美元进入加息周期，资本从发展中国家逐步回到美国等发达国家，引起主要国际储备货币的持续升值。在国际外汇市场随西方国家政策而发生大幅度、长时间震荡的情况下，巨额的外汇储备一方面是广大发展中国家应对外汇市场波动、保持本币稳定的资本；另一方面也给各国的储备货币管理机构带来巨大的压力。金融危机以来的储备货币汇率波动给学者就各国货币汇率的波动效应提供了大量的样本进行研究，尤其是美国的量化宽松政策以及随后美国退出量化宽松给全球经济所带来的影响。

对中国而言，在外汇储备居高不下、人民币汇率波动随汇率改革而逐渐增强的背景下，对储备货币汇率波动效应进行深入的考察，了解其背后运行的逻辑，从而找到有效应对的方法就显得尤为必要。

基于上述的背景，本书将以储备货币为主线，围绕其汇率波动所带来的各方面影响从不同角度进行深入研究。主要包括以下几个问题：

第一，储备货币的汇率波动对一国会造成怎样的影响？其影响机制是怎样的？在不同的国际货币体系中，储备货币的汇率波动效用有何不同？对此，本书将从历史的角度，对金本位制、布雷顿森林体系时期以及当前多元化储备货币体系三种国际货币制度下的储备货币汇率波动问题进行分别阐述。

第二，当前国际货币体系下储备货币的汇率波动效应具体包括哪些？如何分类？每一类的储备货币汇率波动效应的机理如何？本书将对储备货币汇率波动所影响的各个变量的性质将储备货币的汇率波动效应划分为实体效应和金融效应，并对每一类的汇率波动效应进行理论分析。

第三，储备货币汇率波动效应与非储备货币汇率波动效应是否具有差异性？不同的储备货币汇率波动效应是否具有差异性？储备货币汇率波动对储备货币国和非储备货币国的汇率波动效应是否具有非对称性？本书将对以上两个差异性问题和一个非对称性问题进行理论分析和实证检验。

1.2 研究意义

对储备货币汇率波动效应的研究有重要的理论和实践意义：

首先，本书的研究具有重要的理论意义。第一，从历史的角度对储备货币汇率波动问题进行分析能够在一定程度上填补当前理论研究的不足，同时对未来国际货币体系改革提供一个理论上的参考；第二，对中国储备货币汇率波动效应的理论分析可以对国内储备货币的汇率波动理论进行补充，拓展了对储备货币的研究视角。

其次，本书的研究具有重要的实践意义。本书通过对储备货币汇率波动效应的历史分析、实证分析，能够客观反映出当前包括中国在内的发展中国家所面临的储备货币汇率波动风险，对各国的外汇储备管理、储备货币汇率风险应对具有一定的参考意义。

最后，本书对储备货币汇率波动效应差异性和非对称性的理论研究与实证检验能够反映出当前国际货币体系所存在的问题与弊病，这对未来人民币国家化的推进、国际货币体系改革等问题具有重要的参考意义。

1.3 研究的主要内容与框架

本书共分为 7 章。各章的主要内容如下：

第 1 章是导论。本章从全球和中国的视角阐述了储备货币状况和外汇市场的波动状况，说明了本书研究的必要性。随后提出了本书要着重研究的三个问题，并分析了本研究的理论意义和实践意义。最后对文章研究思路、框架结构和创新点进行了总结。

第 2 章是文献综述。本章紧紧围绕本书的研究重点，即储备货币的汇率波动效应，对现有的相关研究成果进行了梳理和总结。在此基础上，本章对本书相关领域现有研究的成果和不足进行了分析，以对比本书的创新和对相关研究领域的贡献。总结起来，主要对以下几个方面的文献进行了综述：汇率波动的贸易效应，汇率波动的产出效应，汇率波动的价格效应，汇率波动的利率效应和汇率波动的估值效应。

第 3 章是对储备货币汇率波动效应的历史考察与理论分析。本章首先从历史的角度对不同国际货币体系内储备货币的汇率波动效应进行了探讨，主要包括金本位制、布雷顿森林体系和当代以美元为主的多元化国际货币体系三个时期。对历史的考察一方面可以了解不同国际货币体系的运作机制，更加深入理解不同货币体系的特点；另一方面对未来国际货币体系的改革提供历史经验的依据。在理论分析部分，首先将储备货币汇率波动效应分为实体效应与金融效应。其中实体效应包括贸易效应和产出效应，金融效应包括价格效应、利率效应和估值效应。随后对每种效应的传导机理、差异性和非对称性影响的原因进行了理论分析。

第 4 章是 GVAR 模型的构建过程。本章对 GVAR 模型的构建过程、数据选择、数据处理方法等进行了介绍，并对模型计算结果的稳健性和可靠性进行了分析。本章所构建的 GVAR 模型是后面两章实证检验的基础。

第 5 章在第 4 章所构建的 GVAR 模型的基础上，对储备货币汇率波动的实体效应，即贸易效应和产出效应两个方面进行了实证检验。包括对储备货币汇率波动贸易效应和产出效应的显著性、差异性和非对称性的实证检验，并对实证的结果进行深入的分析。最后每一节的结论都进行了稳健性检验。

第 6 章在第 4 章所构建的 GVAR 模型的基础上，对储备货币汇率波动的金融效应，即价格效应、利率效应和估值效应三个方面进行了实证检验。包括对价格效应、利率效应和估值效应的显著性、差异性和非对称性的实证检验，并对实证的结果进行了深入的分析。最后对每一节的结论都进行了稳健性检验。

第 7 章是结论与政策建议。本章对储备货币汇率波动效应的历史考察、理论分析和实证检验结论进行了总结，并根据这些结论提出了有效应对储备货币汇率波动风险的政策建议。最后，根据本书研究的不足提出未来进一步的研究思路和方向。

本书的研究框架如图 1－4 所示。

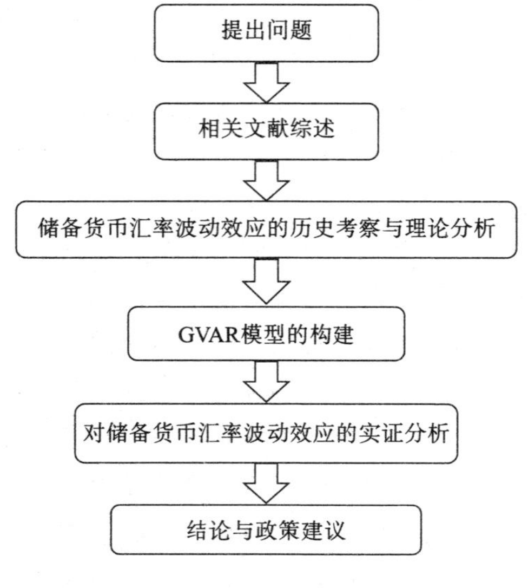

图 1-4　本书的研究框架

1.4　研究的主要创新点

本书的主要创新点有三个：

第一，历史的研究视角。翻阅众多对国际货币体系历史的研究著作，鲜有文献从储备货币汇率波动的角度对国际货币体系进行分析。本书在前人研究的基础上，对储备货币汇率波动效应进行历史的考察，以补充对不同国际货币体系影响研究的不足，加深对国际货币体系作用的理解。同时从历史的角度出发，通过对比分析可以发现各种国际货币体系的优势和不足，对当前国际货币体系的反思和未来的发展研究有一定的贡献。

第二，以国际储备货币为对象，研究汇率波动对在国际货币体系中地位不同的国家的影响，从理论上论证了储备货币汇率波动效应存在着差异性和非对称性，探究了储备货币汇率波动对储备货币国和非储备货币国的非对称性影响及其机理。本书将储备货币汇率波动效应分为实体效应与金融效应。其中实体效应包括贸易效应和产出效应，金融效应包括价格效应、利率效应和估值效应。随后对每种效应的传导机理、差异性和非对称性影响的原因进行了理论分析，拓展了国际货币体系和汇率问题的研究空间。

第三，对储备货币汇率波动对储备货币国和非储备货币国的非对称性影响进行了实证检验，并探讨了其背后的逻辑。本书构建了一个包含26个经济体、多达12个经济变量的GVAR模型对储备货币汇率波动效应的显著性、差异性和非对称性进行实证检验。验证了储备货币汇率波动效应具有非对称性：储备货币汇率波动所带来的影响大于非储备货币汇率波动所带来的影响；储备货币汇率波动对储备货币国的影响小于对非储备货币国的影响。通过实证研究发现了储备货币汇率波动的贸易效应、产出效应、价格效应、利率效应和估值效应都具有显著性、差异性和非对称性的特征，在对影响各种效应的主要因素进行分析的基础上，提出了相应的对策建议。

1.5 本书的主要不足与需要继续研究的问题

本书主要有以下几点的不足，同时也是未来进一步研究的方向：

第一，本书构建的GVAR模型中使用贸易权重作为计算VARX*的权重矩阵。这是当前最广泛采用的方法，但它突出了国家之间的贸易关系，而忽视了国家之间的资本往来。在未来的研究中，可以尝试寻找能够更加全面反映各国家之间相互关联的权重矩阵。

第二，本书的理论分析缺乏理论模型的论证。在未来的研究中可以尝试构建一个能够反映储备货币汇率波动差异性与非对称性的数学模型，对储备货币汇率波动效应进行严谨的证明。

第三，受限于数据可得性，本书实证检验中所使用的数据仍不能真实地反映各国经济运行状况，导致实证结果难以对储备货币的汇率波动效应进行更加深入的挖掘。在未来的研究中，可以注意收集整理数据，适当调整模型中的变量，逐步增加模型中国家的数量，以更加全面地反映全球经济的运行。

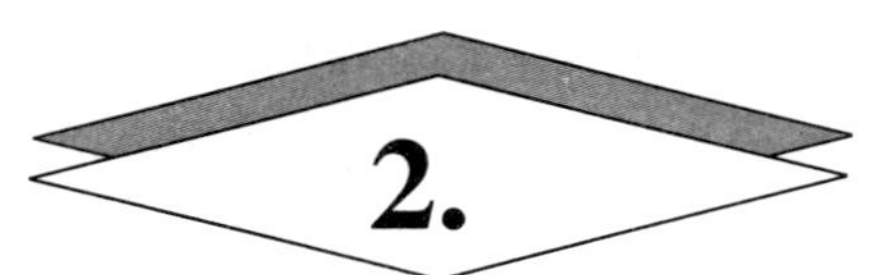

2. 文献综述

储备货币和汇率波动一直是学术研究的热点问题，具有重要的理论意义和实践意义。近一个世纪以来，国际货币体系经历了从黄金本位到布雷顿森林体系时期事实上的美元本位，再到如今实质上“无体系”状态（Mundell，2003）的逐步演变。与此同时，国际储备货币体系也经历了从黄金到美元，再到如今以美元为主的多元化储备货币体系的变化过程；国际汇率制度安排也发生了巨大变化，从相对固定的汇率制度体系发展到相对宽松的汇率制度体系。众多的学者对逐步发展的储备货币体系和逐步加剧的汇率波动进行了大量的学术研究。本章将围绕本书研究的主题，对目前国内外关于储备货币汇率波动效应的文献进行梳理总结，以在此基础上展开进一步的研究。

2.1 国内外的研究现状

本部分将对储备货币汇率波动效应相关研究的现状进行详细的介绍，主要包括：汇率波动对贸易影响的研究；汇率波动对产出影响的研究；汇率波动对价格影响的研究；汇率波动对利率影响的研究；以及美国量化宽松政策的实施与退出所带来的美元汇率冲击的研究。

2.1.1 对汇率波动贸易效应的研究

1. 汇率波动与对外贸易关系的理论研究

汇率波动与贸易之间的关系是汇率波动问题中研究较多的一个领域。汇率波动能够对一国对外贸易造成影响主要是由于汇率波动会改变国内外商品的相对价格。对该问题进行阐述的理论主要包括购买力平价理论、弹性分析理论以及汇率传递理论等。

（1）购买力平价理论。在第一次世界大战后，古典金本位制崩塌，各国金融市场遭到破坏。为了恢复各国正常的贸易往来，需要重新确立一个各国货币兑换的标准。Gustav Casssel（1922）为了帮助战后各国恢复金融秩序、国际货币体系恢复正常运转而提出了购买力平价理论。购买力平价理论认为存在市场套利行为，且一价定律成立。由此进一步得出两国之间货币的汇率波动和两国一般物价水平之间的关系。购买力平价理论一般分为两种，绝对购买力平价和相对购买力平价。绝对购买力平价理论认为两个国家的物价水平不存在套利空间，即两个国家的物价水平经过汇率的调整后应该是相等的，两国货币的均衡汇率取决于两个国家的总体物价水平。对物价水平的衡量是用完全相同的商品篮子来构建物价指数。而相对购买力平价理论则认为，两国货币汇率的未来走势是由两国的利率差所决定的。利率差的存在使两国存在套利空间，引起资本的转移，进而改变两国货币的供需状况，导致汇率发生变动。

（2）弹性分析理论。Joan Robinson（1937）使用局部均衡分析法在马歇尔微观经济学的基础上发展出了弹性分析理论。该理论主要考察了一国的货币受到贬值冲击时该国对外贸易状况的变动情况，主要包括著名的马歇尔—勒纳条件和J曲线效应两个方面。该理论认为，一国的货币汇率受到冲击而发生波动时，该国出口商品的价格会相应地发生变动，由此影响该国商品出口的数量，从而改变该国的贸易收支状况。进一步的，一国货币贬值给该国的贸易收支状况带来改善的前提条件是本国出口商品需求的价格弹性和进口商品需求的价格弹性之和要大于1。这就是马歇尔—勒纳条件。同时，该理论认为货币贬值对一国贸易收支的影响具有时滞，因此产生了J曲线效应。

（3）汇率传递理论。在考察汇率波动对一国的对外贸易影响时，一部分学者重点考察汇率波动对一国进出口商品价格的影响程度，这就是汇率传递理论。Dornbusch（1987），Dixit（1989）等首先开始了对该理论的研究。1995年Menon定义了汇率传递的含义，即一国货币汇率的变动给该国进出口商品目的地货币价格带来的改变程度。汇率波动通过改变进出口商品目的地货币的价格，同时还会影响该国国内的价格指数，进而改变一国进出口商品的市场需求，因此改变了该国的进出口额并对其贸易收支产生影响。所以在考察汇率传递对一国贸易状况的影响时，不仅要考察汇率波动对进出口商品价格的影响，还要考虑到汇率波动对一国的物价水平所造成的影响。

2. 汇率变动与对外贸易关系的实证研究

（1）国外的研究。有大量的文献对汇率波动和对外贸易状况之间的关系进行了实证检验。根据实证检验结果的不同，大致可以分为三类。

第一类文献实证检验的结果表明，汇率波动对国际贸易具有负面的影响。传统的贸易理论认为，汇率波动增大了企业对外贸易中的不确定性，会降低企业进行国际贸易的积极性。Ethier（1973）在布雷顿森林体系崩溃后对该观点进行了系统性的阐述。文中利用理论模型对风险厌恶性的企业进行了深入的研究，主要考察在汇率波动时风险厌恶型企业在进口额和远期头寸之间的选择。研究结果表明，汇率波动对贸易状况具有显著的负面影响。Sauer 和 Bohara（2001）利用拉美地区的面板数据对该问题进行了实证研究。文中将世界各国分为发达国家和发展中国家，研究结果表明，汇率的波动对世界各国的对外贸易状况都有显著的负面影响。Yaron Zelekha 和 Ohad Bar - Efrat（2011）对以色列和美国之间的贸易状况进行了实证检验。文中使用 1997 ~ 2010 年两国的数据，使用协整和 2SLS 的方法进行检验，结果表明汇率波动在短期和长期中都会显著降低以色列和美国之间的贸易额。

第二类文献的实证结果表明，汇率波动和一国的对外贸易状况之间并没有显著的关系。Wilson（2000）利用美国、韩国和日本 1970 年至 1996 年的年度数据，研究了三个国家之间汇率波动和贸易往来的关系。研究结果表明，这三个国家之间实际汇率波动对其贸易往来并没有显著的影响。Oskooee 和 Hegerty（2008）对日元汇率和日本对外贸易进行了深入的研究。文中使用日本 1973 ~ 2006 年的行业细分数据，使用协整分析方法对日本和美国贸易状况与日元汇率波动之间的关系进行了研究。结果表明，在长期过程中日本大多数行业的对外贸易状况不会受到日元对美元汇率波动的影响，在短期内日本的部分行业对外贸易状况会受到汇率波动的影响，但影响程度较小。

第三类文献实证结果则认为，汇率波动对世界各国的贸易状况具有正面的影响。Franke（1991）以风险中性的企业为研究对象，假定各企业都是其所在行业的垄断竞争者，同时也都是对外贸易的参与者。其研究结果表明，汇率波动能够促使这些企业更多地将商品出口到国外以争取更大的市场份额，从而得出结论认为汇率波动对风险中性的垄断竞争企业具有促进出口的作用。Asseery（1991）使用美国、英国、日本、西德和澳大利亚的数据对汇率波动和贸易之间的关系进行了考察。研究结果表明，汇率波动对贸易状况的影响方向和程度在各个国家之间并不一致。其中英国的对外贸易额因为汇率的波动而显著降低，美国、日本、西德和澳大利亚的对外贸易额却因为汇率的波动而显著上升。Mckenzie 和 Brooks（1997），Mckenzie（1998）的实证研究结果都表明，汇率的波动对一国的对外贸易额具有显著的影响，其中对一国的出口额有显著的促进作用，而对一国的进口额则有显著的抑制作用。

（2）国内的研究。国内学者对汇率波动和贸易收支之间的研究，主要集中于对人民币汇率变动和中国进出口状况之间关系的研究。同样的，目前主要存在三种不同的观点：

第一种观点认为，人民币贬值可以给我国的对外贸易带来显著的促进作用。戴祖祥（1997）利用中国 1981 ~ 1997 年的数据考察我国进口商品需求和出口商品需求的价格弹性。结果表明，我国进口商品需求的价格弹性大约为 -1，而出口商品需求的价格弹性大约为 -0.3。这表明，我国的对外贸易满足马歇尔—勒纳条件，即人民币贬值能够给我国的对外贸易条件带来改善。卢向前和戴国强（2005）考察了人民币汇率和我国进出口状况之间的长期关系。文中使用人民币的实际有效汇率波动作为人民币汇率数据，使用 1994 ~ 2003 年的季度数据利用 VAR 模型进行了分析。结果表明，人民币实际有效汇率的波动会对我国的对外贸易状况产生十分显著的影响。同时进一步的考察表明，我国对外贸易满足马歇尔—勒纳条件，即人民币实际有效汇率下降能够显著改善我国的贸易收支状况，同时人民币实际有效汇率的变动对我国贸易收支的影响具有显著的 J 曲线效应。刘尧成和周继忠（2010）的研究中对我国经济运行中的结构性冲击进行了约束，以分析我国贸易收支和人民币实际有效汇率之间的关系。研究结论表明，人民币实际有效汇率波动会显著影响我国对外贸易收支状况，且马歇尔—勒纳条件成立。同时该研究也表明，人民币实际有效汇率的波动对我国贸易收支的影响具有显著的 J 曲线效应。

第二种观点则相反，认为我国的对外贸易并不满足马歇尔—勒纳条件，人民币的贬值会恶化我国的国际收支状况。厉以宁（1991）测算了我国在 1970 ~1983 年间进口商品需求和出口商品需求的价格弹性。结果表明，人民币的贬值冲击并不能改善我国的贸易收支状况，主要由于我国出口商品的价格弹性较低，人民币的贬值不仅不会促进我国的出口，反而会抑制我国的出口。张明（2001）对我国 1985 ~ 1998 年间进口商品需求和出口商品需求的价格弹性进行了逐年测算。测算结果表明，在这 23 年内的绝大部分年份，人民币汇率变动对我国的对外贸易状况没有显著的影响，即我国的对外贸易不满足马歇尔—勒纳条件。

第三种观点认为，人民币汇率的波动并不能显著地影响我国对外贸易状况。陈彪如（1992）对我国1980～1989年出口商品需求和进口商品需求的价格弹性进行了测算。测算结果表明，我国在这10年内出口商品需求的价格弹性约为0.72，进口商品需求的价格弹性约为0.3。两个弹性系数的和约为1.02，接近1。这表明，在这10年中我国对外贸易状况几乎不会受到人民币汇率波动的影响。谢建国（2002）则对我国1978～2000年出口商品需求的价格弹性和进口商品价格的需求弹性进行了测算。测算结果同样表明，我国对外贸易状况几乎不会受到人民币汇率波动的影响。沈国兵（2005）使用协整分析的方法对中美两国之间的贸易状况与人民币和美元汇率波动的相关性进行了检验。结果表明，中美两国之间的贸易状况与人民币和美元的汇率波动状况不存在稳定的协整关系，即我国和美国的贸易状况不会受到人民币和美元汇率波动的显著影响。更进一步的，沈国兵（2005）还测算了我国对外贸易状况和人民币实际有效汇率变动之间的相关性。结果同样表明，长期中人民币实际有效汇率的变动对我国的对外贸易状况没有显著的影响，在长期中不存在稳定的协整关系。在短期内，人民币实际有效汇率对我国的对外贸易状况存在程度较低的显著影响。姜璐（2007）使用1997～2005年我国和美国的相关数据检验了中美两国之间的贸易状况与人民币和美元汇率波动之间的相关性。结果同样表明，人民币对美元汇率的波动并不是中美两国贸易状况变动的格兰杰原因，在长期中汇率波动没有显著地对中美贸易造成影响。封福育（2010）使用门限回归的方法估计了1995～2008年人民币实际有效汇率对我国对外贸易状况的影响。研究结果表明，人民币实际有效汇率对我国对外贸易状况的影响并不显著。

2.1.2 对汇率波动产出效应的研究

1. 汇率波动对产出的影响机理

Shaw和McKinnon（1976）研究认为，发展中国家的金融抑制问题导致其发展速度较为缓慢，因此发展中国家应当推行市场化的金融体制，使利率、汇率等完全由市场决定，以促进发展中国家的经济增长。

有众多的学者深入研究了汇率与经济增长之间的关系。一般而言，汇率波动对产出的影响较为复杂，具有同时具有正反两个方面的影响。汇率波动对产出正向的影响是“扩张效应”，即一国货币的贬值使得国内商品在国际市场上的价格下降，需求上升，因此，出口量上升。出口量上升导致国内出口企业的产出增加，国民收入上升，国内需求也随之扩张。因此，一国货币的贬值能够推动本国经济的增长。另外，汇率波动对产出负面的影响是“紧缩效应”。如果一国的货币在长期内贬值，会增加政府和企业所持有的外债负担，降低政府和企业在国内的消费和投资水平。同时本币长期贬值会使市场对本币未来长期走势持悲观预期，引起资本外逃，本国货币需求下降，国内出现通货膨胀，进而使得国内物价水平上升、居民消费下降以及企业生产成本上升、盈利下降。由此而导致了国内总需求和总供给的下降，抑制了经济增长。从上述两个方面看，一国货币汇率的波动给本国经济增长所带来的影响是不确定的，取决于上述两个方面力量的对比。如果本国货币汇率波动给本国经济增长所带来的扩张效应强于紧缩效应，那么本币汇率的波动就促进了本国经济的增长；反之则抑制了本国经济的增长。

汇率波动对一国产出的影响主要通过两个途径来实现：贸易和资本流动。一国货币汇率的波动会影响其对外贸易水平，同时还会导致资本的跨国转移。贸易水平的变动会导致本国企业收入、产出以及本国价格水平的变动；资本的跨国转移会引起国内投资、物价水平等方面的变动。汇率变动通过改变贸易状况和资本流动状况最终影响一国的经济发展。

（1）汇率波动会通过影响一国的对外贸易状况来影响其经济的增长。对该问题的研究主要有两点：首先，一国的对外贸易状况是否显著地影响本国经济发展？对这一点的研究一般集中讨论一国的出口水平变动对本国经济增长的影响，即出口水平的上升能否带来国内产出的增长，以及如何带来本国产出的增长。其次，是对贸易水平和经济增长之间的关系进行详细的测算。即利用一国的历史数据测算对外贸易水平的变动能够在多大程度上引起本国产出的增长。对该问题的研究普遍认为，一国出口水平的上升能够促进本国的经济增长，即“出口导向型经济增长”，进而得出结论，一国汇率的波动能够通过改变本国对外贸易状况来影响本国的经济增长。

有三种理论对“出口导向型经济增长”的机理进行了说明。第一种解释是对外贸易成熟理论；第二种解释是要素禀赋理论；第三种解释是新贸易理论。在具体探讨一国出口水平和经济增长之间的关系时，主要分为两种视角：供给视角和需求视角。从供给视角进行的研究（如 Balassa，1978；Feder，

1983；Grossman 和 Helpman，1990 等）以新古典经济增长理论为基础，认为出口增长给本国经济带来影响的主要原因在于，其能够带来本国的技术进步。即在构建理论模型时将本国的出口水平作为内生因素纳入到经济增长中。从需求角度进行的研究（如 McCombie 和 Thirlwall，1997 等）也被称为后凯恩斯主义分析方法，认为对开放国家来说，国际市场对本国商品的需求是本国商品所面临的总需求中一个重要组成部分，因此出口水平的变动会导致本国经济所面临的总需求的变动，进而影响本国经济的发展。

（2）汇率波动通过影响一国的资本流动状况来影响其经济的增长。汇率波动会影响一国的资本流动状况，或者说，影响一国的外商直接投资（Foreign Direct Investment，FDI）来影响其经济的增长。外商直接投资包含资本投资、技术转移等多个方面，因而外商直接投资的变动对一国经济增长的影响也是多个方面的。一般而言，外商直接投资对一国经济增长的影响因各个国家所处发展阶段的不同而各具差异。对于发展中国家来说，外商直接投资对一国经济增长的影响主要包含三个方面：

第一，外商直接投资会给东道国带来大量的资本积累，增加东道国的资本存量，缓解了发展中国家的外汇短缺和储蓄不足所带来的资本不足问题，从而增加了东道国的社会投资水平，促进其经济的增长（如 Chenery 和 Strout，1996）。

第二，外商直接投资不仅给东道国带来了大量的资本，还带来了先进的管理方法和生产技术，提高了东道国的全要素生产率，带来了其国内生产效率的提升。由外商直接投资所带来的技术进步使东道国的发展效率、工业化和市场化水平迅速提高，从而推动了东道国企业的国家化水平，提高了其经济发展的速度和效率（Helleiner，1999）。

第三，外商直接投资会利用东道国现有的人力资本、资源价格等方面的优势，推动东道国人力资源水平的上升，即培训效应。同时具有更高技术水平的外商企业在本地化的过程中会逐渐融入东道国的产业链中，给产业链的上下游企业带来巨大的溢出效应，带动东道国整个产业的迅速发展（林毅夫等，2000）。

2. 汇率波动对产出影响的实证研究

对汇率波动与经济增长之间关系的实证研究，根据研究方法的不同可以大致分为两类，第一类是使用各个国家经济变量的时间序列数据用向量自回归

（VAR）模型进行实证检验；第二类是使用面板数据模型、最小二乘法等结构化的实证检验方法进行研究。

Edwards（1986）对12个发展中国家汇率波动和经济增长的关系进行了实证研究。文中使用1965～1980年中各个国家的年度数据构建了包含产出水平、货币供应量、进出口额、实际汇率和政府支出等经济变量的回归方程。实证结果表明，汇率波动对一国经济增长的影响在短期和长期内具有显著的差别。在短期内，一国货币的贬值冲击会抑制本国的经济增长，即主要表现为紧缩效应；而在长期内，一国货币的长期贬值趋势会促进本国的经济增长，即主要表现为扩张效应。而在Edwards（1989）使用发展中国家面板数据的研究中又表明，发展中国家货币汇率的长期贬值对本国的经济影响具有显著的抑制作用，即主要表现为紧缩效应。

Agenor（1991）的研究中，将汇率波动进行了细致的区分，分为预期性贬值和非预期性贬值两种情况。其构建了一个包含产出水平、当期实际利率、预期实际利率、货币供应量、政府支出水平、外国收入状况和实际汇率与预期汇率差额等经济变量在内的面板模型。分析结果表明，一国货币汇率的预期性贬值对该国的经济增长具有显著的抑制作用，而非预期性贬值对该国的经济增长具有显著的促进作用。Morley（2000）从汇率波动对一国供给影响的角度对汇率波动和产出水平之间的关系进行了研究。其构建了一个包含一国生产能力水平、进口水平、出口水平、国际贸易条件等经济变量在内的面板数据模型。其实证结果表明，一国货币汇率的持续贬值能够显著地抑制本国经济的发展，但具有一定的时滞，大约在两年之后汇率波动对产出的影响效果才能显现。

Kamin和Rogers（2000）对美元汇率波动和美国经济增长的关系进行了实证分析。其利用美国1981～1995年的季度数据，构建了一个包含经济增长率、通货膨胀、汇率波动、政府支出、进出口水平、利率水平等经济变量在内的向量自回归模型。实证结果表明，在这25年中美元汇率的长期持续贬值给美国的经济增长带来显著的负面影响。同时进一步的研究发现，在此期间美国的经济增长波动主要是由前几期的产出水平变动引起的。

在国内对汇率波动与经济增长关系的实证研究中，主要对人民币汇率波动和中国经济增长的关系进行了实证检验。陈国伟和夏江（2002）使用协整分析方法的检验结果表明，在我国人民币汇率的贬值冲击能够在一定程度上促进我国经济的增长。何新华和吴海英（2003）使用我国的季度数据对人民币汇升值与经济增长的关系进行了研究。结果表明，人民币的升值冲击会导致我国经济增长水平的下降。李建伟和余明（2003）研究认为，在我国实行资本管制和盯住汇率制的前提下，人民币汇率的贬值会导致国内货币供应量的上升，从而导致我国产出水平的上升。在文中使用我国 1995 ~ 2003 年的月度数据进行的实证检验结果表明，人民币实际有效汇率的变动对我国产出水平有显著的影响：人民币实际有效汇率的下降会促进我国的经济增长，人民币实际有效汇率的上升会抑制我国经济的增长。

何新华等（2003）使用我国的季度数据对人民币汇率波动和我国产出水平的关系进行了实证检验。结果表明，人民币升值对我国经济增长有显著的影响，但影响程度较小。总体而言，人民币汇率的升值会略微导致我国产出水平的下降。因此我国在汇率改革中要采用渐进式的改革方式，确保人民币汇率的小幅升值。李未无（2005）的研究结果表明，人民币的贬值能够促进我国经济的增长。

魏巍贤（2006）使用 CGE 模型对人民币汇率的升值与我国经济增长的关系进行了检验。结果表明，人民币升值能够显著地影响我国的进出口状况，导致我国进口量上升的同时出口量下降，进而显著地抑制了我国经济增长。同时进一步研究发现，人民币的升值冲击会导致我国就业水平的下降，尤其是对我国技术水平较低的劳动密集型产业就业影响最大。卢万青和陈建梁（2007）也对我国产出水平和人民币汇率波动的关系进行了实证研究。文中使用了我国 1995 ~ 2005 年的数据进行了实证检验，结果表明，人民币汇率的小幅升值对我国产出水平的影响程度较低，人民币汇率的大幅升值会显著地降低我国的产出水平。同时进一步的测算发现，人民币汇率的大幅度升值给我国产出水平带来影响的系数约为 0.12。赵永亮（2010）使用时间序列数据对人民币汇率和我国产出水平的关系进行了实证研究。结果表明，人民币汇率波动是我国产出水平变动的格兰杰原因。人民币实际汇率的升值能够导致我国产出水平的显著下降，其影响系数约为 0.3。而人民币实际有效汇率上升对我国经济增长的影响在短期中较为显著，但在长期中并不显著。

张晗和何祚宇（2014）使用金砖五国和 G7 国家的数据对各国货币实际有效汇率和产出水平之间的关系进行了检验。结果表明，我国汇率波动是产出水平变动的格兰杰原因。人民币的长期升值会导致我国产出水平的显著下降。肖卫国等（2015）构建了一个包含汇率传递效率的动态随机均衡模型，并模拟了美国货币政策变动所导致的汇率冲击给我国经济增长所带来的影响。研究结果表明，人民币汇率波动对我国经济增长影响的程度受到汇率传递效率的影响。人民币汇率传递效率越低，汇率波动对我国经济增长的影响越小。

2.1.3 对汇率波动价格效应的研究

汇率波动对物价水平的影响是汇率波动效应研究中的一个热点问题。各国学者对该问题的认识逐步加深，从最初的购买力平价理论发展到汇率不完全传递理论；在汇率不完全传递理论出现后，又有众多学者对汇率不完全传递的原因进行了深入的分析。同时也有许多学者对世界各国货币汇率对物价水平的影响程度进行了实证检验，实证结果表明各国货币都存在着不同程度的汇率不完全传递现象。近几年对汇率不完全传递的实证研究则深入到了不同细分行业、同一国家的不同地区等更加细致的领域。这些实证结果对汇率不完全传递理论的发展起到了重要的补充作用。

1. 国外的研究

对汇率传递的研究主要分为两种观点：汇率完全传递和汇率不完全传递。下面对这两种观点的研究成果分别进行总结。

（1）对汇率完全传递的研究。Cassel 在 20 世纪 20 年代首先提出了购买力平价理论，来阐述汇率波动对一国物价水平影响的机理。该理论可以用等式 $P_D = e P_F$ 来表示，其中 P_D 表示国内物价水平，P_F 表示外国物价水平，e 代表以直接标价法表示的汇率。从上述等式可以看出，在外国物价水平保持不变时，一国货币汇率的波动会直接导致本国物价水平的变动，且两者的变动幅度是相同的，也就意味着汇率波动对物价水平的完全传递。Einzig（1935）以购买力平价理论为基础，对一国货币供给量和物价水平的关系进行了研究。研究结果表明，一国货币供给量的上升会导致本国货币汇率的下降，从而使本国物价水平上升；反之则本国物价水平下降。Kim（1990）对美元汇率和美国物价水平之间的关系进行了实证研究，研究结果表明美元汇率波动会显著影响美国的物价水平，且汇率波动对物价水平的影响接近完全传递。Leith（1991）对博茨瓦纳的汇率传递水平进行了实证检验，结果表明其汇率波动对物价水平的影响接近完全传递。Corbo 和 Mcnelis（1989）通过构建一个小型开放经济体模型对汇率波动的完全传递现象进行了分析。分析结论认为，完全开放的经济体汇率对物价水平接近完全传递。

（2）对汇率不完全传递的研究。早期的研究以购买力平价理论为基础，得出的结论大部分都支持汇率完全传递。但随着国际货币体系的更替和理论的发展，汇率完全传递理论逐渐不符合现实状况，更多学者开始对汇率不完全传递现象进行深入的考察。

从20世纪60年代开始，学者逐步抛弃了汇率完全传递的观点，开始接受汇率不完全传递理论。学者普遍认为，汇率波动对一国的物价水平存在一定的影响，但受到一国发展状况、经济制度等方面的影响，汇率波动对物价水平存在不完全传递的现象。

Kravis 和 Lipsey（1977）、Richardson（1978）、Giovannini（1988）分别使用不同时期的数据对不同国家的汇率传递水平进行了实证检验。其结果都表明，各国一价定律并不完全适用，汇率波动对物价水平并不是完全传递的。Dwyer 等（1993）对澳大利亚汇率波动的传递水平进行了研究，研究结果表明，在短期中汇率波动对物价的传递是不完全的，但在长期中汇率波动对物价接近完全传递。Engel 和 Rogers（1996）对加拿大和美国各城市之间的一价定律进行了检验，结果表明，加拿大和美国的各城市之间均不满足一价定律，且国外城市对一价定律的偏离程度高于国内城市的偏离程度。

其一，对汇率不完全传递机理的研究。20世纪60年代以后，各国学者逐渐认识到汇率对物价水平不完全传递的事实，并开始尝试对汇率不完全传递的机理进行探讨。Krugman（1986）认为，不完全竞争的市场是汇率波动不完全传递的一个重要原因。在不完全竞争的市场中，厂商具有商品的定价权，各厂商会采用因市定价的策略。在汇率发生变动时根据目的国的不同采用具有差异性的价格调整策略，以降低汇率波动对企业市场份额的影响。在该理论的基础上，Hooper 和 Mann（1989）进一步的研究表明，在具有垄断性质的行业中，厂商在采取因市定价的策略是着重考虑其所占有的市场份额，汇率波动所导致的价格变动并不会完全传递到商品的最终定价中，以保持企业生产的商品在市场中的竞争力。这就导致了汇率波动的不完全传递。Goldberg 和 Knetter（1997）也对因市定价策略所导致的汇率不完全传递现象进行了检验。结果表明，因市定价的策略时汇率不完全传递现象的一个重要原因，影响程度超过50%。Baldwin（1988）研究认为，企业的沉没成本是汇率不完全传递的一个重要原因。厂商进入一个行业的决策伴随着许多沉没成本，如厂房建造、生产设备、专利费用、宣传成本等。这些沉没成本会使企业在面临汇率波动时较少地对商品定价作出改变，以保持企业所生产产品的市场份额。这在一定程度上降低了汇率波动的传递程度。

Bhagwati（1988）对美元汇率波动对美国物价水平的传递效应进行了研

究。研究结果表明，美国对外贸易的非关税壁垒是美元汇率波动不完全传递的重要因素。Ghosh 和 Wolf（1990）使用美国的企业数据对菜单成本与汇率不完全传递之间的关系进行了研究。结果表明，菜单成本是汇率不完全传递的一个重要原因。Obstfeld 和 Rogoff（1995）认为，部分厂商会采用目的国货币对商品进行定价的策略。这种定价策略使得汇率波动对商品的价格几乎没有影响，汇率对物价水平几乎完全不传递。Taylor（2000）认为，通货膨胀率也会对一国的汇率波动传递水平有显著的影响。在较低的通货膨胀率下，汇率波动对物价的传递程度较高；而在高通货膨胀率下，汇率波动对物价水平的传递程度较高。Campa 和 Goldberg（2005）认为，在经济实际运行中存在的价格粘性现象也是汇率不完全传递的一个重要原因。

其二，对汇率不完全传递的实证检验。对汇率不完全传递的实证检验根据对物价水平的不同定义可以分为两种类型，广义的汇率传递和狭义的汇率传递。广义的汇率传递是指一国货币汇率波动对该国消费者价格指数的影响程度；狭义的汇率传递是指一国货币汇率波动对该国进口商品价格的影响程度。广义的汇率传递不仅包含汇率波动对进口商品价格的考察，还包括了对国内其他商品价格的考察。

对广义的汇率传递实证检验表明，一国货币汇率的波动对该国消费者价格指数并不是完全传递的。Gagnon 和 Ihrig（2003）对发达国家广义的汇率传递效应进行了实证检验。结果表明，发达国家货币汇率波动对各国物价水平的影响是不完全传递的，且计算得出的影响系数约为 20%，即货币汇率波动的 20% 会传递到各国的物价水平上。

对狭义的汇率传递实证检验表明，一国的货币汇率波动对该国进购商品价格也是不完全传递的。McCarthy（2000）对发达国家狭义的汇率传递效应进行了实证检验。结果表明，发达国家的汇率波动对进口商品价格的影响是不完全的。Campa 和 Goldberg（2002）对全球 23 个经济体狭义的汇率传递效应使用最小二乘法进行了检验。检验结果表明，这些国家汇率波动对进口商品价格的影响程度正在逐步地减弱。

（3）对汇率传递效应非对称性的研究。近年来学者对汇率传递效应的研究逐步扩展到对其非对称性的研究。此处的非对称性是指一国货币的升值和贬值对其物价水平的影响程度具有差异性。

Mann（1986）对美国汇率波动与物价水平关系的非对称性进行了考察。研究结果表明，在 1977 ~ 1986 年这 10 年中，美元汇率波动对物价水平的影响具有显著的非对称性，美元贬值对物价水平的影响程度显著低于美元升值对物价水平的影响程度。Marston（1990）研究了日本细分行业汇率传递效应的非对称性。研究结论表明，日本各行业汇率传递效应存在不同程度的非对称性，但总体上来看，日元贬值对日本物价水平的影响程度高于日元升值对日本物价水平的影响程度。Pollard 和 Coughlin（2004）对美国 29 个行业的汇率传递效应进行了检验。结果表明，汇率波动对大约一半行业的进口商品价格是有影响的，但另一半行业的进口商品价格基本不受汇率波动的影响。该结论也在一定程度上证实了美国汇率波动不完全传递的现象。进一步的研究发现，在存在汇率波动传递效应的一半行业中，汇率传递效应具有显著的非对称性，且美元升值对进口商品价格的影响程度高于美元贬值对进口商品价格的影响程度。Przystupa（2009）对波兰汇率波动的传递效应研究表明，波兰货币汇率升值和贬值对波兰物价水平的影响也具有显著的非对称性。Karoro 等（2009）研究了南非汇率波动传递效应，结果表明南非货币升值和贬值对其国内物价水平的影响也存在显著的非对称性。

2. 国内的研究

国内学者对汇率传递效应的研究在 2000 年以后开始逐步出现，且主要对人民币汇率波动和我国物价水平之间的不完全传递关系进行实证检验。

（1）对人民币汇率不完全传递的研究。国内学者在考察人民币汇率不完全传递效应时，也分为对汇率波动与进口商品价格、汇率波动与一般物价水平的研究。

一部分学者研究了人民币汇率波动对我国进口商品价格的影响程度。毕玉江和朱钟棣（2006）考察了人民币汇率波动对我国进口商品价格和对我国消费者价格指数影响程度的差异。研究结果表明，人民币汇率波动对我国消费者价格指数的影响程度小于对我国进口商品价格影响的程度。范志勇和向弟海（2006）使用向量自回归模型考察了人民币汇率波动对我国进口商品价格的影响程度。结果表明，人民币汇率波动对我国进口商品价格的影响程度较低，且人民币汇率波动对我国消费者价格指数的影响也不显著。曹伟和罗浩（2009）的实证结果则相反，文中使用我国 2005 ~ 2008 年的数据，同样使用向量自回归模型对人民币汇率波动和我国进口价格的关系进行了检验。结果表明，人民币汇率波动对我国进口商品价格的传递是不完全的，传递系数约为 0.22%。范跃进（2011）等分别研究了日元和欧元汇率波动对我国进口商品价格的影响。结果表明，日元汇率变动对我国进口商品价格的传递效应较为显著，而欧元汇率波动对我国进口商品价格的传递效应则不显著。

还有一部分学者研究了人民币汇率波动对我国一般物价水平的影响程度。卜永祥（2001）使用协整检验的方法考察了人民币实际有效汇率对我国消费者价格水平的影响，同时用 ECM 模型考察了汇率波动对物价水平的动态影响。结果表明，汇率波动在长期中对我国的生产者价格指数和零售价格指数用显著的影响。吕剑（2007）对比分析了人民币汇率波动对我国包括生产者价格指数、消费者价格指数在内的不同价格指数的影响程度。结果表明，人民币汇率波动对我国的一般物价水平有显著的影响，但对不同的价格指数影响程度不同，其对我国消费者价格指数的影响程度最高，对生产者价格指数的影响程度最低。

刘思跃等（2010）分析了我国汇率制度改革对人民币汇率波动传递效应的影响。结果表明，在 2005 年汇率改革之前，人民币汇率波动对我国物价指数的影响程度较低；在 2005 年汇改之后，人民币汇率波动对我国物价指数的影响程度显著提高，但仍然是不完全传递。卢秀清和李喆芳（2012）也对人民币汇率波动和我国物价水平之间的关系进行了考察。结果表明，人民币升值的冲击会引起我国物价水平的显著下降，且人民币汇率波动对我国的生产者价格指数和消费者价格指数均有显著的影响。冼国明和石庆芳（2014）的实证检验表明，人民币汇率波动对我国的物价水平存在一定程度上的影响，但影响程度较弱，且汇率波动对不同价格指数的影响程度具有显著的差异。

尽管目前国内学者对人民币汇率波动与我国物价指数关系的研究角度各不相同，但基本都得出了人民币汇率波动不完全传递的结论。

还有一部分学者考察了人民币汇率对我国的一般价格水平造成影响的路径。一般来讲，汇率波动对一国价格水平的影响分为直接影响和间接影响。汇率波动对价格水平造成直接影响的途径是改变一国进口商品价格，也就是前文中提到的狭义汇率波动传递效应。汇率波动对价格水平造成间接影响的途径是影响经济运行中的中间变量，如货币供应量、改变预期等。李颖（2008）对该问题进行了深入的考察，总结了人民币对我国一般价格水平造成影响的传递途径。

（2）对汇率传递效应非对称性的研究。对人民币汇率传递效应非对称性的研究主要有两种结果：第一种是人民币升值对我国一般物价水平带来影响的程度高于人民币贬值对我国一般物价水平带来影响的程度；第二种结论则相反，认为人民币贬值对我国一般物价水平带来影响的程度高于人民币升值对我国一般物价水平带来影响的程度。

姜昱等（2010）使用门限回归模型对人民币汇率波动传递效应非对称性的问题进行了考察。结果表明，人民币升值给我国进口商品价格水平带来的影响程度和贬值有显著的差别，且前者的影响程度较高。黄世达和张欣（2014）使用我国的月度数据对汇率传递非对称性的问题进行了考察，结果同样表明，人民币升值给我国进口商品价格水平带来的影响程度较高。李波和王国松（2013）使用线性回归的考察也得出了同样的结果。

而另一部分学者则得出了相反的结果。曹伟和倪克勤（2010）使用多种方法对人民币汇率波动传递效应的非对称性问题进行了考察。所有模型的结果都表明，人民币贬值给我国进口商品价格水平带来影响程度较高，且在汇率波动幅度增大时，汇率传递的程度也会升高。赵大平（2007）、罗胤瑾（2014）、郑经晃等（2015）一些学者的研究结论也支持了这一观点。

同时还有一部分学者考察了汇率波动对我国一般物价水平的非对称性影响。王胜和田涛（2013）使用多种方法对该问题进行了研究。结果表明，人民币贬值会导致我国一般价格水平的显著上升，传递程度和人民币贬值幅度成正相关，且人民币贬值对我国物价水平的影响程度显著高于升值。谢博婕等（2014）、刘军等（2014）、贾凯威（2016）等的研究结论也支持了这一结论，即人民币汇率波动对我国一般物价水平的影响程度具有显著的非对称性，且人民币贬值对我国一般物价水平带来的影响程度更高。

国内学者对人民币汇率波动传递效应非对称性的影响都是在模型中引入虚拟变量或者使用门限回归的方法进行考察。所有的研究都表明人民币汇率波动对我国物价水平的影响具有显著的非对称性，大部分结论支持人民币贬值所带来的汇率传递效应较高的结论，也有一部分研究得出了相反的结论。

2.1.4 对汇率波动利率效应的研究

利率平价学说是汇率波动与利率变动关系研究的基础理论。该理论认为，市场对两种货币未来汇率变动的预期是由两国的利率差所决定的，汇率的波动会抑制两国投资收益之差，因此利率平价学说也被称为远期汇率决定理论，由凯恩斯和爱因齐格所提出。在利率平价假说的基础上发展出了蒙代尔—弗莱明模型（Mundell - Fleming Model）、新斯旺模型等理论模型。但这些模型都认为汇率是由利率所决定的，偏重于研究利率变动对汇率未来变动趋势的影响。

麦金农—大野健一模型是考察汇率波动对利率影响领域应用最为广泛的理论模型。该理论的基础也是利率平价学说：如果两国之间存在着利差，资本会自发地从利率较低的国家流入利率较高的国家以追求更高的收益。国际投机者在追逐更高的资本收益率时，还会考虑到未来汇率变动的影响。当资本涌入利率较高的国家时，会造成该国货币的升值，会在一定程度上减少该国的资本收益。为了避免未来汇率变动所造成的影响，国际投机者会在进行跨国逃离的同时进行掉期交易，以确保资本的收益不被汇率波动影响。随着投机者不断地进行抛补套利，相对应的远期产品价格会发生变动，直至将两国利差所带来的投机空间完全消除。此时，远期汇率的变动趋势就等于两国之间的利率水平。这表明，两国货币的远期汇率是由两国的利率差所决定的。

在利率平价假说的基础上，众多学者对利率和汇率的关系进行了大量的研究。Fama（1984）的研究表明，具有高利率的国家其货币在未来会升值。因此当一国的货币出现贬值时，货币当局可以使用更高的利率政策来抑制本国货币的贬值。这就实现了汇率波动对利率的影响。Dornbusch（1985）构建了一个关于通货膨胀、利率和汇率之间相互关系的均衡方程。该方程表明，这三个经济变量之间存在密切的关联。通货膨胀的下降会导致国内利率的上升，进而导致本币升值；通货膨胀上升会导致国内利率下降和本币的贬值。Basurto 和 Ghosh（2000）考察了高利率对汇率变动的影响。结果表明，尽管在理论上高利率会对汇率波动产生影响，但在实际运行着这一影响并不显著。Baig 和 Goldfajn（2000）的研究也表明了这一点，两国之间的利差对两国货币汇率波动的影响并不显著。Macdonald 和 Nagayasu（2000）对 14 个发达经济体之间的购买力平价理论进行了检验。使用面板数据的协整分析法研究表明，这 14 个发达经济体的利差和汇率存在着显著的协整关系。So（2001）也对汇率与利率之间的相互关系进行了考察，包括理论分析和实证检验。

国内学者也对利率和汇率之间的关系进行了一些研究。沈国兵（2002）在研究东南亚国家汇率和利率问题时，将蒙代尔—弗莱明模型进行了扩展。在货币市场和商品市场均衡的前提条件下，东南亚各国的利率和汇率会发生同方向的变动。如果进一步地放开限定条件，利率和汇率会发生反方向的变动。罗忠洲和李宁（2006）对日本利率和日元汇率之间的关系进行了考察。该研究表明，在 1971 ~2002 年间，日本利率、日元的汇率和美国利率之间存在长期稳定的协整关系。王爱俭和林楠（2007）借助沈国兵（2002）对蒙代尔—弗莱明模型的扩展，考察了人民币汇率和我国利率之间的相互影响。结果表明，两者之间存在着显著的相互影响，但影响的方向不定。顾标和周纪恩（2007）也利用蒙代尔—弗莱明模型的扩展模型，使用广义矩估计的方法考察了人民币汇率与中国利率之间的关系。结果表明，人民币汇率和中国利率之间并没有显著的相互影响关系。郭树华等（2009）考察了人民币对美元汇率与中美两国利率之间的关系。研究结果表明，人民币对美元汇率与中国两国利率在短期内并没有显著的协整关系，但在长期中存在着显著的协整关系。

总体而言，当前学者对汇率波动与利率之间关系的研究结果各异，且都偏重于研究利率对汇率波动的影响，较少地考察汇率对利率的影响。

2.1.5　对汇率波动估值效应的研究

Lane 和 Milesi - Ferretti（2001）首次对估值效应进行了定义和考察。估值效应是指由于资产价格发生变动或汇率波动而导致的一国所持有的外部资产价值所发生的变化。而估值的变动并不会反映在一国的经常账户中，而是反映在一国的国际净投资头寸中。这是由于国际货币基金组织对“国际收支平衡表（BOP）”和“国际投资头寸表（IIP）”的规定所导致的。BOP 以实际交易的发生为基础，而 IIP 以市值核算为基础。Tille（2003）考察了美国 1990 ~ 2001 年美国净国际投资头寸的估值效应部分。研究结果表明，在 1999 年前，美国估值效应对其净国际投资头寸的影响程度较小；但在 1999 年开始，美国持有的外部资产规模迅速增长，美元也逐步升值，导致美国估值效应迅速上升，给美国净国际投资头寸带来巨大的负面影响。Gourinchas 和 Rey（2005）对美国 1973 ~ 2004 年间的估值效应进行了考察。研究表明，美国在 32 年内一直有正向的估值效应。尽管在此期间美国保持了长期的贸易逆差，但正向的估值效应抵消了大约 31% 的国际投资净头寸逆差。Lane 和 Milesi - Ferretti（2004）对印度尼西亚的估值效应进行了考察。研究结果表明，在 1991 ~ 2002 年间，印度尼西亚由于货币汇率波动所引起的估值效应使得该国的净国际投资头寸承受了巨大的损失，抵消了在此期间的贸易顺差，总额约占其国内生产总值的 16%。Lane 和 Milesi - Ferretti（2007）进一步使用市值方法对全球 145 个国家在 1970 ~ 2007 年间的估值效应进行了考察。研究结果表明，估值效应在大部分国家都是持久存在现象，给各国的净国际投资头寸带来显著的影响。Benetrix 等（2016）使用更新至 2012 年的数据对估值效应的考察表明，随着发达经济体的金融一体化程度的加深，这些国家货币汇率波动所带来的估值效应逐步增加。在金融危机时期，美元资产的空头方面临了巨大的估值损失。

国内学者也对估值效应进行了一些研究，主要针对我国所存在的估值效应及其影响。宋效军等（2006）使用向量误差修正模型对我国的估值效应进行了考察。结果表明，在1977～2002年间，我国存在一定程度负向的估值效应，表明我国所持有的财富承受了一定程度的损失。范志勇和沈俊杰（2009）也使用误差修正模型对我国的估值效应进行了进一步的考察。研究结果表明，1981～2005年间，由于人民币汇率的变动，我国外汇储备资产的估值效应规模较高，给我国的外汇储备带来的巨大的损失。廖泽芳和雷达（2012）对中国、美国和日本的估值效应分别进行了分析。研究结果表明，作为世界上的主要债务国，美国的估值效应给美国带来了巨大的收益；而作为世界上重要的债权国，中国和日本的负估值效应给两国带来的巨大的损失。中国和日本的外汇储备积累由于估值效应在无形之中转移给了美国，导致了全球金融利益分配的严重失衡。刘琨（2016）测算了中国、美国、欧元区和日本四大经济体的估值效应。结果表明，我国面临着显著的负效应。

2.2 对当前研究的评述

在对汇率波动效应进行研究的文献中，学者对汇率波动效应的各个方面具体的表现作了深入的理论和实证分析，但目前的研究仍然有所不足：一是缺乏从整体的视角对汇率波动效应进行考察，二是缺乏从储备货币的视角对储备货币汇率波动的效应进行考察，尤其是缺乏对其差异性和非对称性的考察。同时，也鲜有文献从历史的角度对各历史时期汇率波动的影响进行分析。另外，当前对汇率波动效应进行分析的文献中，很少有对储备货币汇率波动效应非对称性的分析，即储备货币汇率波动对储备货币国和非储备货币国的非对称性影响。这一点是本书将要研究的重点，也是本书的主要创新点之一。

本书将从储备货币的角度，运用历史的研究方法、严谨的理论梳理和全局性的实证框架对储备货币汇率波动效应这一问题进行深入的分类考察，能够在一定程度上弥补当前研究的不足。

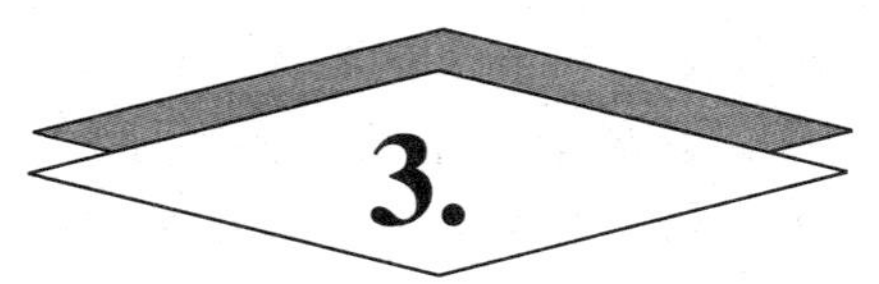

储备货币的汇率波动效应：历史考察与理论基础

本书主要研究储备货币的汇率波动效应，而储备货币的汇率波动特征和影响与不同的国际货币体系密切相关。因此，本章将从历史的角度分别对古典金本位制时期、布雷顿森林体系时期以及当代国际货币体系三个不同国际货币体系中储备货币汇率的波动特征和影响进行对比考察。一方面能够依据国际货币体系的更替逻辑了解储备货币汇率波动效应的历史渊源，加深对当代国际货币体系下储备货币汇率波动特性及其影响的了解；另一方面，通过对比不同国际货币体系中储备货币汇率波动的问题，充分认识当前国际货币体系存在的不足，以对当前国际储备货币汇率风险的应对和未来国际货币体系的改革提供可行的政策建议。

在进行历史考察之后，为了能够对当前国际货币体系下储备货币汇率波动效应进行更加深入的分析，本章的第二部分将对储备货币的汇率波动效应进行分类考察，深入探讨储备货币汇率波动各项效应的机理和区别于一般货币汇率波动效应的特点，为下文的实证研究奠定理论基础。

3.1 储备货币汇率波动效应的历史考察：基于国际货币体系的变迁

国际货币体系（International Monetary System）是指支配各国货币关系的规则和机构，以及国际间进行各种交易、支付所依据的一套安排和惯例。18 世纪以前，在金属货币制度下各国之间的交易主要以金、银作为支付手段。各国的金属货币制度虽然经历了由银本位到金、银复本位的过渡时期，但通常认为金本位制度是典型的金属货币制度，国际货币体系最初是建立在金属货币制度之上的。迄今为止国际货币体系的变迁历程，主要经历了由金本位制、布雷顿森林体系、牙买加体系三个阶段。本节重点考察不同的国际货币体系背景下汇率波动的特征和影响。

3.1.1 古典金本位制下的储备货币汇率波动效应

金本位制又分为古典金本位制和两次世界大战之间的金汇兑本位制、金块本位制。从 19 世纪末期到第一次世界大战前的古典金本位制保持了相对平稳，有效促进了世界经济的发展。而金汇兑本位制和金块本位制主要出现在两次世界大战期间的短暂时间内，且这一段时间世界各国的汇率制度较为复杂多变，浮动汇率制度和金本位的固定汇率制度并存。本质上讲，金汇兑本位制和金块本位制仍然属于金本位制，因此我们仅对古典金本位制下的汇率波动效应进行分析。

1. 古典金本位制

古典金本位制在英格兰可以追溯到 1717 年或 1774 年[①]，除了在拿破仑战争期间中止以外，一直持续到了 1914 年。但金本位制在欧洲和美国的普及则是在 19 世纪七八十年代。不过即便在 19 世纪末，各国的货币制度安排依然有一些区别，只有英国、德国、法国和美国四个国家实行了纯粹的金本位制（Bloomfield，1959），见表 3－1。

金本位制的货币制度在理论上要求各个国家能够实现黄金的自由兑换、自由铸造和自由输出与输入。如果金本位制集团中的所有国家能够遵守这一规则，那么金本位制就能够平稳运行，保持物价稳定和充分就业，同时促进各国经济和世界贸易的发展。但如果该规则不能被充分执行，金本位制集团的稳定性就会受到影响。

2. 古典金本位制下的国际储备货币体系

在古典金本位制时期，黄金是主要的国际储备货币。它是国际上通行的本

① 参见查尔斯．P. 金德尔伯格著：《西欧金融史》，中国金融出版社 2007 年版。

表 3-1　　19 世纪 80 年代后期国际金本位制结构

储备形式＼国内流通形式	大部分是金币	金币、银币、纸币、代币
黄金	英国、德国、法国、美国	比利时、瑞士
大部分是外汇	俄罗斯、澳大利亚、南非、埃及	奥匈帝国、日本、荷兰、斯堪的那维亚、其他英属国家
全部是外汇		菲律宾、印度、拉美各国

位货币，承担了国际价值尺度、支付媒介和储备货币的职能。在各国货币中，金币以其含金量来确认其价值；银币、纸币、代币以其能够兑换到的金币来确认价值。各国都需要储备一定的黄金，作为金币铸造的来源，或者支撑国内纸币的价值；同时也能作为国际支付的手段。

但在实际的经济运行中，各国除了储备黄金以外，还会将英镑作为重要的储备货币，即英镑部分地代替了黄金执行国际储备的职能。这是因为在当时特定的历史时期，英国作为工业革命后发展最快的国家，扮演着“世界工厂”的职能。其海外运输、贸易遍布全球，金融业、保险业也快速发展。同时，英国在全球范围内拥有大量的殖民地，号称“日不落帝国”。世界上的其他各国都同英国有不同程度上的贸易往来，以至于在当时 90% 的国际贸易结算使用英镑，而不是黄金。各国政府一方面出于交易便利性的动机持有大量英镑作为外汇储备，另一方面出于盈利性的动机：将持有英镑存在银行能够获得利息，而持有黄金放在国库不但没有利息的收入，还要为保管这些黄金支付费用。由于以上种种原因，英国在当时成为国际金融中心，英镑也就自然而然地部分地替代了黄金成为当时的国际储备货币。具体如表 3-2 所示。

表 3-2　　1899 年底世界主要国家外汇储备构成　　单位：百万美元

	英国货币	法郎	马克	其他货币	其他资产	总计
政府机构	105.1	27.2	24.2	9.4	80.7	246.6
私人机构	15.9	—	—	62.0	79.7	157.6
总计	121.0	27.2	24.2	71.4	160.4	404.2

注：“—”表示没有相关数据。

资料来源：Lindert 1969。

3. 古典金本位制下储备货币的汇率波动

在古典金本位制中，储备货币主要是黄金和英镑，因此储备货币的汇率波动主要是黄金价格的波动和英镑汇率的波动。由于黄金价格是法定的，极少有国家会调整黄金的本币价格，甚至黄金的英镑价格在整个古典金本位制期间都没有发生过改变。因此在金本位制下，储备货币的汇率波动主要是各国货币相对于英镑的汇率波动。

各国货币相对于英镑的汇率波动主要来源于国际贸易的不均衡。贸易逆差国家进口了更多的货物，因而在外汇市场上外汇的需求大于供给，导致外国货币的价格上升。如果外国货币的价格上升幅度并没有超过黄金输送点，那么这种汇率的变动在短期内就不会消失。国外货币价格的上升会带动国外商品价格的上升，抑制国内对进口商品的需求，从而使对外贸易恢复平衡。

另外，中央银行的贴现率政策也会导致汇率的波动。在 1914 年之前的金本位制时期，各国中央银行为了在黄金储备不发生跨国流动的前提下对外部均衡进行调整，往往通过改变贴现率来实现。贴现率控制了商业银行或其他金融中介向中央银行申请票据贴现的成本。中央银行提高贴现率，会使金融中介减少在央行的票据贴现，从而控制国内的信用规模。信用规模的萎缩会直接造成国内流通货币的减少，降低国内物价水平，同时降低外汇市场上本币的供给，从而对外部均衡进行调整。

在金本位制时期，由于各国货币对于黄金的兑换比率相对固定，同时各国货币相对于英镑的汇率波动受到黄金输送点的限制，因此这个时期储备货币汇率波动的程度较小，各国货币的汇率能够保持相对的稳定，极大地促进了当时经济的发展。

4. 古典金本位制下汇率波动的影响

由上面的分析可知，虽然在金本位制时期各国货币的含金量是法定不变的，但在短期内还是会出现各国货币汇率的波动。汇率的波动能够通过其自身对市场的影响实现自我调节，也能够通过政府的干预进行调节。总结起来，金本位制时期汇率波动效应有以下几点：

（1）汇率波动对国际贸易有直接的影响。汇率的波动能够影响外汇市场上货币的价格，从而改变本国商品和外国商品的相对价格，影响对进口商品的需求和外国对本国货物的需求。在理想状况下，这种自我调节机制能够保证世界各国的外部均衡。

（2）汇率的波动会引起国际资本的流动。由于在金本位之下，各国政府承诺本国货币的固定含金量，因此不同国家货币的汇率一定会维持在均衡水平上下波动。当汇率出现短暂的波动偏离均衡点时，投资者确信汇率会回到均衡水平，于是去外汇市场上购买贬值的货币，等汇率回到均衡水平时卖出获利；或者直接将贬值的金币送到铸币厂铸造成外国的高价货币来获利。因此，若一国因贸易长期不均衡导致汇率长期处于非均衡状态，投资者的自发投机行为就会导致黄金的跨国流动。

(3) 汇率的波动如果超过了黄金输送点，就会引起黄金的跨国流动。这一点在前面已经进行了分析。黄金的跨国流动会改变一国的储备水平，对经济的运行会产生长期影响。黄金的流出会导致本国货币供给量的下降，引起国内物价的下跌，提高本国货币的汇率；黄金的流入则相反，会造成本国货币供给的上升，引起国内通货膨胀，同时降低本国汇率水平。

(4) 汇率的波动还会因为政府的干预而对国内的利率、物价产生影响。如果一国货币汇率出现剧烈贬值，以至于将要超过黄金输送点影响本国的黄金储备水平时，政府一般会倾向于介入市场以避免本国黄金的流失。前面分析时说到，本国影响外部均衡的方法主要是通过贴现率控制国内的货币供给。当政府对外部均衡进行干预时，汇率的变动就会因为政府的政策而转入国内，引起国内利率的提高和物价水平的下降。

(5) 汇率的频繁大幅度波动或者长期偏离均衡还会改变市场的预期和信心，对一个国家政府的储备水平和货币含金量的承诺产生怀疑。因为政府有义务维持本国货币的含金量保持不变，而且会通过多种手段对外部均衡进行调节，因此市场认为汇率水平并不会频繁剧烈波动，也不会长期偏离均衡。如果这两种现象的任意一种出现，就会降低市场对政府的信心，甚至怀疑未来该国货币的黄金含量会出现变化。一旦市场产生了怀疑，本国的经济和金融秩序就会遭受重大的打击，引起银行挤兑、资本外逃等。这是各国政府最不愿看到的情况，而解决的办法就是国际合作。

在金本位制时期，储备货币的汇率波动是外部调节的手段，在市场作用下通过本国货币在黄金输送点以内的波动对本国的经常账户进行自发调整，同时也会对严重的失衡的国家通过黄金输送的手段进行调解。在金本位制下，国际货币体系相对稳定，各国货币汇率波动幅度较小，有力地促进了当时世界对外贸易的发展。

3.1.2 布雷顿森林体系下单一储备货币的汇率波动效应

古典金本位制随着1914年第一次世界大战的爆发而逐渐崩溃。在两次世界大战间隙，世界各国也曾试图恢复金本位制，但 1931 年 9 月 19 日英国宣布放弃黄金兑换业务标志着金本位制的失败。随后第二次世界大战爆发，世界货币体系再次陷入了混乱。在第二次世界大战还未结束时，英国和美国就分别委托 J. M. 凯恩斯先生和 H. D. 怀特先生筹划国际货币体系的重建。1943 年 7 月，英美两国各自发布了“凯恩斯计划”和“怀特计划”。一般认为，1944 年 7 月 44 国在美国新罕布什尔州布雷顿森林召开的“联合国与联盟国家货币金融会议”上通过的以“怀特方案”为基础的《国际货币基金协定》和《国际复兴开发银行协定》标志着布雷顿森林体系的确立。在布雷顿森林体系持续期间，国际汇率制度也不完全是固定汇率制度。1946 ~ 1958 年，国际汇率制度可以认为是“可调整的钉住制度”，这一时期被称为“前可自由兑换阶段（Preconvertible phase）”；1959 ~ 1970 年，国际汇率制度可以认为是“固定美元本位制”（Bordo，1992），这一时期被称为“可自由兑换阶段（Convertible phase）”。布雷顿森林体系虽然在成立之初名义上是以黄金为基础，但其本质是黄金—美元体系。Eichengreen（2004）认为，在 1968 年的“双价制黄金市场”成立以后，布雷顿森林体系实质上成了美元本位体系。

1. 布雷顿森林体系的特点

布雷顿森林体系时期的汇率保持了相对的稳定，其波动程度小于当代的多元货币体系，也低于两次世界大战期间的金汇兑本位制时期。在“前可自由兑换阶段”，布雷顿森林体系下的各国货币汇率尤为稳定，甚至低于一战前的古典金本位制时期（Eichengreen，1996、2004）。尽管布林顿森林体系时期的汇率较为稳定，在一定程度上促进了战后国经济的重建和恢复，但是该体系也没有存在太长时间。主要是由于其自身的特点所决定。

（1）布雷顿森林体系时期成立了专门对世界各国经济政策进行管理并向各成员国提供融资的国际机构：国际复兴开发银行（后更名为世界银行）和国际货币基金组织（International Monetary Fund，IMF）。国际货币基金组织成立的宗旨是为各成员国提供融资进行外部均衡的调整，同时对各成员国的经济政策进行监管，以保障布雷顿森林体系的平稳运行。但在布雷顿森林体系时期，国际机构的管理并没有显著的效果。主要是由于部分成员国曾多次在未经批准的情况下改变本国货币同美元的汇率，损害了国际货币基金组织的权威性，降低了其对其他成员国进行管理的效率。例如，英国在 1949 年 9 月在未经批准的情况下宣布英镑贬值，以改善本国的外部均衡状况；加拿大曾于

1950 年单方面宣布加拿大实行浮动汇率制度，严重违背了布雷顿森林体系时期各国货币以美元为货币锚的协议。

（2）布雷顿森林体系可以明确地划分为两个阶段，分为“前可自由兑换时期”和“可自由兑换时期”。阶段性划分的原因主要是各成员国的经济状况和各外围成员国同美国进行的博弈所导致的。

其一，前可自由兑换时期。该时期第二次世界大战刚刚结束，各外围成员国经济基础遭到破坏，尤其是欧洲，作为第二次世界大战的战场，基础设施破坏严重，外汇储备严重不足。各外围国的经济状况决定了这些国家难以维持其货币对美元的固定汇率。为了维持美元的霸权地位，保证布雷顿森林体系的正常运行，美国对各外围成员国进行了大量的援助和扶持。尽管如此，各外围成员国违反布雷顿森林体系协议的行为依然时有发生。美国为了维持国际货币体系的正常运行，对这些违反协议的行为选择了适当的容忍。

其二，可自由兑换时期。经过战后美国的援助和重建，布雷顿森林体系各外围成员国的经济状况得到了极大的恢复，国际货币体系从可自由兑换时期的“一超多弱”格局转变为了“一超多强”。各外围成员国具备了同中心国美国进行政策讨价还价的能力。此时，美国的政策制定不得不考虑各外围国的反应，从而对美国形成了潜在的制约机制。正是由于这种潜在的制约机制保证了布雷顿森林体系后期的平稳运行。

但在此时期，布雷顿森林体系依然存在难以忽视的缺陷。首先，布雷顿森林体系实质上依然是以黄金为本位货币的国际体系。各成员国对固定汇率的遵守是布雷顿森林体系存在的前提条件。其次，外围国对中心国美国的制衡导致各国政策目标不同。中心国美国在制定政策时，需要考虑到本国和外国的经济状况；但各外围国实行反制政策时基本以本国利益为主。因此尽管美国作为中心国处于绝对的核心地位，但此时各国政策的指定实质上掌握在外围国手中。

（3）“特里芬两难”问题难以解决。作为储备资产中黄金主要替代品的美元，对外围国的国际收支具有重要的调节作用。但各外围国美元的来源是美国保持长期的逆差。但美国保持长期逆差必然会导致黄金储备下降，最终难以维持美元对黄金的固定比价。而美国如果不保持长期的逆差，世界各外围国难以获得足够的储备货币，引起世界范围内的通货紧缩，进而影响世界经济的发展。“特里芬两难”难以解决，决定了布雷顿森林体系最终走向崩溃。

2. 布雷顿森立体系时期的汇率安排

在新建立的布雷顿森林体系中，美元的含金量是固定的：35 美元等于 1

盎司黄金。美国政府承诺随时按此比价把美元兑换成黄金。其他国家的货币和美元的汇率固定，并且可在此汇率的上下1%的范围内波动。由此，各国货币和美元间保持可调整的固定汇率，各国货币间实际上也保持了可调整的固定汇率。这种双挂钩可以用图3－1来表示。

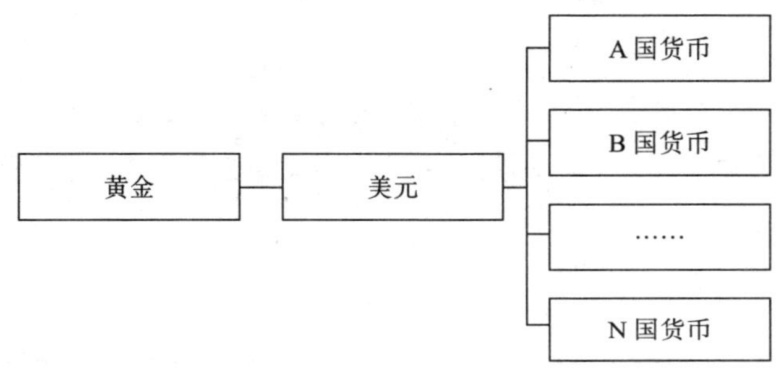

图3－1 布雷顿森林体系时期货币“双挂钩”

由于各国政府有义务维持本国货币同美元汇率的稳定，因此当本国货币的汇率波动幅度超过IMF所规定的区间时，各国政府就要对外汇市场进行干预，以保证本国货币相对美元汇率的稳定性。如果会员国因为外部失衡较为严重，意图通过改变本币相对美元的汇率来调节外部平衡时，若调节的幅度超过法定汇率的10%，就需要提前向IMF申请。在得到批准以后才可以对汇率进行主动调整。

3. 布雷顿森林体系时期的汇率波动

在布雷顿森林体系时期，各国货币都同美元挂钩，各国政府有义务维持本国货币同美元汇率的稳定。当一国需要大幅度改变本国货币对美元的汇率时，需要提前向IMF提出申请，待批准后方可执行。因此在这一时期，世界各国的货币汇率相对稳定。但是同古典金本位制时期相比，布雷顿森林体系时期的国际货币汇率不受黄金输送点的影响，随着储备货币美元的发行量越来越大，汇率波动幅度也相应增大，从前期的1%到后期的2.25%。

从图3－2中可以看到，在布雷顿森林体系时期的英镑、日元和法郎相对美元的汇率都较为稳定。期间英镑和法郎进行过较大幅度的调整，而日元的汇率则始终围绕360日元/美元的汇率波动。因此，布雷顿森林体系时期各国货币的汇率较为平稳，部分国家会在必要时对本国货币汇率进行调整。

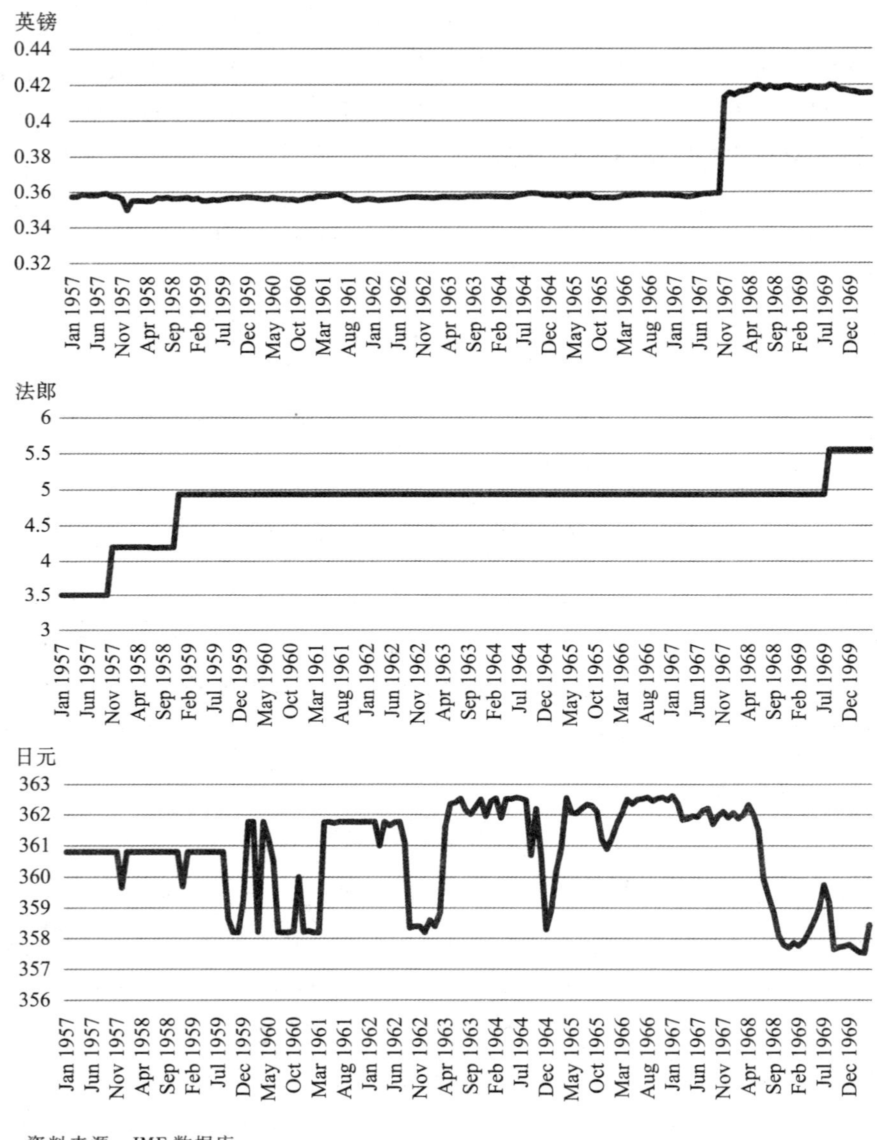

资料来源：IMF 数据库。

图 3－2　布雷顿森林体系时期英镑、法郎和日元相对美元的汇率

4. 布雷顿森林体系时期储备货币的汇率波动效应

在布雷顿森林体系时期的固定汇率制度下，各国货币相对美元的汇率波动就是储备货币的汇率波动。汇率波动所带来的影响与金本位制时期的固定汇率制度有许多相似之处，也存在着一些差别。在此时期，各国货币与美元的汇率是法定不变的，在汇率波动超出规定幅度时，各国政府有义务维持汇率的均衡。固定汇率制度的特点使得两种国际货币体系中汇率的波动效应具有相似之处；但各外围国家货币锚的不同使得两种货币体系的汇率波动效应具有一些差异。在布雷顿森林体系时期，汇率的波动效应主要有以下几点：

（1）影响一国的贸易状况。汇率是影响一国贸易条件的重要因素。在布雷顿森林体系时期，各国汇率的有限波动能够对各国的贸易状况进行一定程度上的影响。汇率波动的主要来源是经常不平衡的经常账户，而汇率波动对经常账户所带来的影响往往是抑制它的非均衡性。和金本位制时期一样，汇率波动对经常账户的影响是外部均衡的自我调节机制。

（2）影响资本的国际流动。布雷顿森林体系时期各国政府承诺将汇率的波动限定在一定程度以内。因此当一国的货币的变动幅度过大时，各国政府就要用国际储备来抑制汇率的波动：要么购买本国货币以避免本币贬值，导致资本流出；要么购买美元以避免本币升值，导致资本流入。同时，汇率处于非均衡点产生的套利空间会吸引国际资本的套利行为，引发资本的流动。

（3）影响国内的经济状况。各国政府在对汇率进行控制的手段，除了使用增加或减少国际储备以外，还会利用其他的手段，例如利率政策、货币政策等。由此，汇率的波动能够在一定程度上传导至国内。例如，一国的贸易顺差导致本币升值，为了能够有效控制本币的汇率，政府也会倾向于在国内使用紧缩性的货币政策。紧缩性的货币政策在抑制本币升值的同时，也带来了国内物价的下跌和利率的上升，从而影响了国内经济的发展。

（4）影响市场对政府维持汇率承诺的信心。一国政府因为长期贸易失衡、储备不足等原因而难以维持固定汇率水平时，该国货币的汇率会长期处于非均衡状态，并且偏离程度会逐步加大。此时市场会对该国政府失去维持固定汇率的信心，预期未来会出现官方汇率的变动。市场预期发生改变会严重影响一国的贸易、资本等各个方面，对经济造成严重的冲击。

正因为储备货币汇率的波动能够调节一国的外部均衡，因此一些国家在外部严重失衡时会主动调整本国货币相对美元的汇率，以帮助本国重新实现外部的均衡。

布雷顿森林体系时期各国货币汇率基本保持稳定，有力地促进了第二次世界大战之后世界经济的恢复和发展。各国除了偶尔变动官方汇价来调节内外平衡外，大部分时间各国汇率是保持稳定的。这个时期储备货币的汇率波动效应也是以市场自发的调节功能为主，有效地限制了各个国家的货币供给。但到了末期，黄金的产量已经难以满足世界经济发展的需求，国际货币体系对世界经济由促进作用转为限制作用，这必然将导致布雷顿森林体系的崩溃。

3.1.3 当代多元储备货币体系下储备货币的汇率波动效应

在美国宣布停止美元与黄金的兑换之后，布雷顿森林体系走向崩溃。经过多年的努力，世界各国在1976年于牙买加首都签署了新的国际货币体系准则，称为“牙买加协议”。“牙买加协议”的签订表明国际货币体系正式步入了当代国际货币体系时期。

1. 当代国际货币体系的特点

当代国际货币体系主要有以下几个方面的特点：

在美国宣布停止美元与黄金的兑换之后，布雷顿森林体系走向崩溃。经过多年的努力，世界各国在1976年于牙买加首都签署了新的国际货币体系准则，称为“牙买加协议”。“牙买加协议”的签订表明国际货币体系进入了当代国际货币体系时期。

（1）尽管美元与黄金不再保持固定的兑换比率，但美元是当代国际货币体系中实质上的本位货币。这主要是由于国际货币体系更替中的历史惯性以及美国的强大经济实力所决定的。在布雷顿森林体系时期各国持有大量的美元外汇，因此在当代国际货币体系时期各国依然倾向于持有美元作为主要的外汇储备。当代国际货币体系所特有的特征是历史上第一个以主权信用货币作为国际本位货币的国际货币体系。

（2）尽管随着经济的发展，世界上涌现出众多的高度发达经济体和具有一定国际竞争力的主权货币，如欧元、英镑、日元等。但美元依然是当代国际货币体系中最重要的货币。其他主权货币都难以对美元造成实质上的挑战。这主要是由于三个方面的原因：首先，全球范围内的资源品的计价和交易，尤其是石油的计价和交易，依然以美元为主。石油美元的强劲需求保证了美元的强势地位；其次，世界其他各经济体难以与美国的经济实力和金融实力相抗衡，美国依然是全球的经济和金融中心；最后，美国是长期的经常项目逆差国家，给世界各国输送了大量的美元，而欧元区是经常项目顺差的地区，难以向全球提供足够多的流动性。

（3）随着经济的发展，世界各国的资本账户逐步开放，资本跨国流动更加频繁，这也提升了世界各国对美元的需求。因为美国有全球最为完善和发达的金融体系，资本流动性强。且美元的强势地位导致美元资产的流动性显著高于其他货币种类资产的流动性，各国纷纷选择持有大量的美元资产作为外汇储备，反过来进一步地提高了美元在全球范围内的需求。美元资产所具有的优势是其他种类的货币资产在短期内难以超越的。

（4）在当代全球的经济发展中，美国依然是世界上的唯一超级大国，一超多强的局势并没有发生根本性的改变，由此带来美元在国际货币体系中的霸权地位。美国的经济发展状况和政策制定对世界各国的经济发展有着重要的影响。

2. 当代国际货币体系下的储备货币体系

当代国际货币体系中的储备货币体系依然以美元为主。尽管出现了欧元、日元、英镑等货币在国际外汇储备中的份额有所增长，但依然远远小于美元资产的比重，同时作为 IMF 指定外汇储备资产的 SDR 占比也极为有限（见图 3－3）。

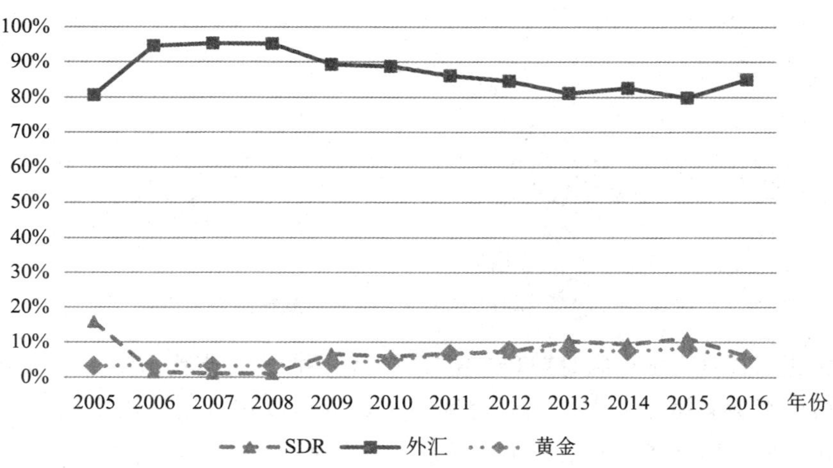

资料来源：IMF 数据库。

图 3－3　2005～2016 年全球储备资产中 SDR、外汇和黄金所占的比重

当代国际货币体系中的外汇储备另一个特点就是在本书第一章曾经提出的事实：当前全球储备货币总额迅速增长。根据 IMF 的统计，在 1948～1970 年，全球的储备总额年均增长率仅 3%，从 478 亿美元增长到 932 亿美元。自从 20 世纪 70 年代初全球范围内实行浮动汇率制度以来，世界国际储备总量以超过

12%的年均增长率开始加速增长。

3. 当代国际货币体系下储备货币的汇率波动

当代国际货币体系仍然以主权货币作为储备货币。但现行体系并没有手段对这些国家的主权货币供给进行限制，因此储备货币国就可以根据自己国家的需要对货币供给量进行调整，由此带来了国际储备货币汇率的剧烈波动。

图3－4是1975年以来美国货币供应量M2和美元指数的月度数据。从图中可以看出，在当代国际货币体系下，美元的供应量迅速增长，2017年美元的供应量比2006年翻了一番。与此同时，美元指数反映的汇率波动也更加剧烈。

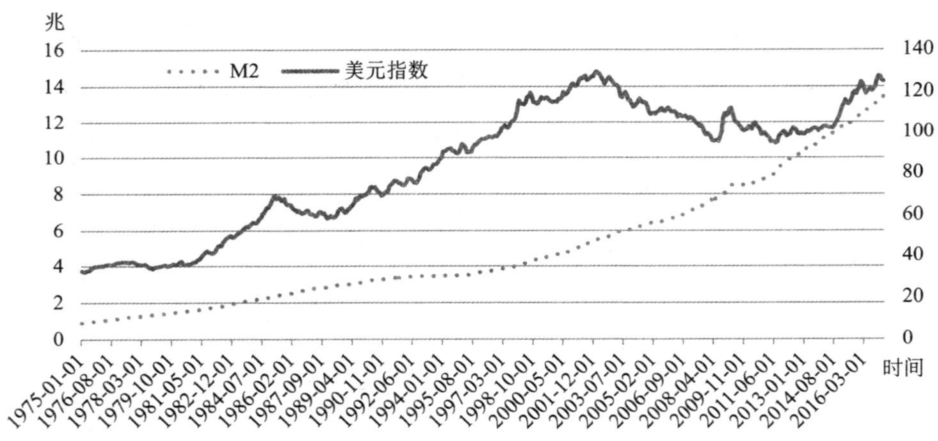

资料来源：Federal Reserve Bank of St. Louis。

图3－4 1975～2017年美国M2月度数据与美元指数

相比于古典金本位制时期和布雷顿森林体系时期，当代国际货币体系下储备货币的汇率波动性大大增加。美国在制定货币政策时主要以本国的需求为主，较少考虑国际货币政策的协调问题。各主权国家为了应对储备货币汇率的波动也不得不采取“以邻为壑”的货币政策。缺乏协调的国际货币体系导致各国货币相对于储备货币汇率的剧烈波动，给各国和全球的经济发展带来巨大的不确定性。因此，有必要对当代国际货币体系中储备货币的汇率波动效应进行进一步的研究，探究储备货币汇率波动的传导机制与影响，为各国应对储备货币的汇率波动提供参考。

4. 当代国际货币体系中储备货币的汇率波动效应

储备货币的汇率波动效应首先具有一般货币的汇率波动效应特征，对一国的经常账户、资本账户、货币政策、物价水平等方面造成影响。对这些方面的分析将在本章第二部分深入展开。当代国际货币体系下，储备货币的汇率波动效应与古典金本位制和布雷顿森林体系时期有显著的区别。主要有以下两点：

第一，当代国际货币体系下储备货币汇率波动对世界各国的影响更加广泛。一方面，现代科技的发展为国际范围内货物运输和资本转移提供了更加高效便捷的手段，使得现代全球各经济体联系更加密切，各国之间资本流动和贸易往来更加频繁。储备货币汇率波动所带来的风险能够迅速在各经济体之间传播，并对各国的经济产生影响。另一方面，现代国际货币体系广泛采用较为灵活的汇率制度，增加了各国货币相对于储备货币汇率的波动性，使得国际经济状况呈现出更大的不确定性。

第二，当代国际货币体系缺乏对储备货币发行的控制手段，以美国为主的储备货币国在执行货币政策时往往从本国需要出发，较少地考虑外溢效应。这是与历史上其他时期的一个重要区别。在古典金本位制时期，储备货币的发行量受限于黄金的产量，因此即使英镑获得了部分储备货币的地位，但英国仍然不能随意制定货币政策来实现自己的目标；在布雷顿森林体系时期，美元的发行也受制于美国黄金库存和世界黄金产量，因而储备货币的发行总量受到控制。在这两个历史时期，国际储备货币主权国家不能随意发行货币，保持了国际货币体系的相对稳定。但在现代国际货币体系下，美元的发行量主要服务于美国经济，给其他各非储备货币国带来了巨大的外部风险。

为了进一步研究现代国际货币体系中储备货币汇率波动的风险和影响，下面对储备货币的汇率波动效应进行分类考察。

3.2 储备货币汇率波动效应的理论基础

3.2.1 储备货币汇率波动效应的分类

对开放经济体来说，储备货币的汇率波动涉及经济的方方面面，产生错综复杂的影响。为了便于对储备货币的汇率波动效应展开深入分析，本书将其分为两个大类五个方面。两个大类分别是“实体效应”和“金融效应”，其中实体效应是指储备货币的汇率波动对各经济体的实体经济活动所产生的影响，在本书的研究中主要包含“贸易效应”和“产出效应”两个方面；金融效应是指储备货币的汇率波动对各经济体的金融活动所产生的影响，在本书的研究中主要包含“价格效应”、“利率效应”和“估值效应”三个方面。（见图3－5）下面对这五个具体的效应进行简要说明。

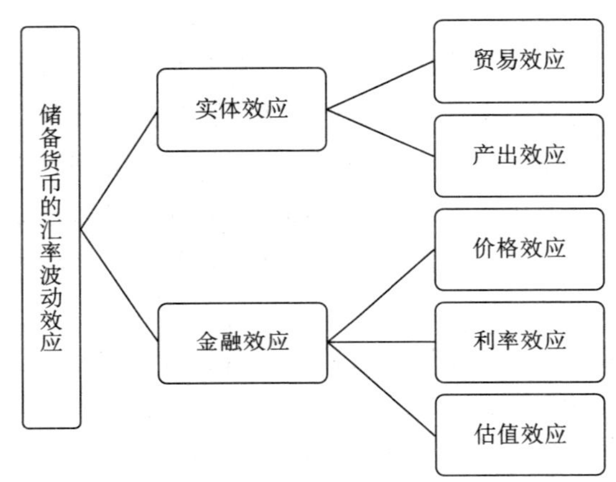

图3－5　本书对储备货币汇率波动效应的分类

（1）贸易效应：指储备货币的汇率波动对各经济体的对外贸易所产生的影响。汇率的波动对国际贸易具有重要的影响，而储备货币的汇率波动对国际贸易的影响更加重要。储备货币国往往是国际贸易市场中的重要参与者，是重要的商品进口国和商品出口国。储备货币的汇率波动对储备货币国的贸易必然会产生影响，从而对全球贸易水平也会产生显著的影响。本书将围绕贸易效应的非对称性，即储备货币汇率波动对储备货币国和非储备货币国的对外贸易所产生影响的差异这一方面对储备货币汇率波动的贸易效应进行分析。

（2）产出效应：指储备货币的汇率波动对各经济体的实际产出所产生的影响。储备货币的汇率波动会通过多种途径影响各经济体的实际产出，包括对外贸易、资本流动、货币政策等。由于实际产出能够综合地反映经济体的发展状况，因此对产出效应的研究是十分必要的。本书将从理论和实证两个方面对储备货币汇率波动的产出效应进行分析，并深入探讨产出效应的非对称性。

（3）价格效应：指储备货币的汇率波动给各经济体物价水平所造成的影

响，即储备货币汇率波动的价格传递效应。储备货币的汇率波动会通过原材料价格、中间品价格以及货币政策等途径对物价水平产生影响。而对储备货币国来说，由于其货币在国际贸易中广泛使用，尤其是原材料和能源品中的绝大部分以储备货币计价，储备货币国物价水平受到汇率波动的影响必然会小于非储备货币国。本书将对储备货币汇率波动的价格效应及其非对称性进行分析。

（4）利率效应：指储备货币的汇率波动给各经济体利率水平所造成的影响。根据利率平价理论，一国汇率的波动与利率的变动是相互影响的。这种相互之间的影响程度同汇率制度、资本开放程度等因素有关。同时，两者之间的因果关系也因为货币地位的差异而有所区别。储备货币国掌握了世界货币汇率变动的主动地位，从而在汇率与利率的相互传导中也掌握了主动权。因此，本书将对储备货币汇率波动的利率效应及其非对称性进行详细的分析。

（5）估值效应：指储备货币的汇率波动对各经济体对外资产和对外负债估值所造成的影响。储备货币的汇率波动会通过影响一国对外资产和对外负债改变该国的净对外投资头寸；同时有研究表明，储备货币的汇率波动会对发展中经济体的外汇储备规模产生影响（李少昆，2017），进而影响一国的对外资产。因此，储备货币的汇率波动会影响各经济体的净对外投资头寸。这就是储备货币汇率波动的估值效应。

以上是对本书对储备货币汇率波动效应的分类和说明。为了在后面的研究中能够深入探讨储备货币汇率波动的各项效应，下面对各项效应的传导机制和影响因素进行分析。

3.2.2 储备货币汇率波动效应的差异性分析

储备货币汇率波动效应的差异性是指储备货币汇率波动对一国的影响程度与非储备货币汇率波动对一国的影响程度所具有的差别，是本书研究的一个重点问题。下面分别对储备货币汇率波动的五类效应所具有的差异性进行分析。

1. 储备货币汇率波动的贸易效应

储备货币汇率波动对各经济体国际贸易产生的影响，首先要符合一般汇率波动对贸易影响的理论。一般的汇率波动对贸易影响理论，主要有购买力平价学说、弹性分析法、吸收分析法以及 IS – LM – BP 模型等。一般汇率波动对贸易影响的理论和实证研究在综述中已经进行了总结，此处不再赘述。除了和一般货币的相同之处以外，储备货币汇率波动对各经济体国际贸易的影响还会由于其储备货币的地位而有所区别，主要有以下两个方面：

第一，储备货币国的较高贸易权重增加了储备货币汇率波动对国际贸易的影响。储备货币国是经济较为发达的国家或地区，在世界范围的国际贸易中占有较高的比重。与储备货币国的贸易往来是世界上大部分国家来对外贸易中的重要组成部分。储备货币的汇率波动能够影响世界各国与储备货币国之间的贸易条件，显著地改变各国的进出口额。

图 3 –6 是 2016 年世界贸易额前五的国家和地区贸易额占全球贸易额的比重。从图 3 –6 中可以看出，欧元区的全球贸易权重约为 25%，美国的全球贸易权重约为 11.4%。这两个世界主要储备货币经济体的贸易权重占全球的约 36.5%。同时，欧元和美元也是当前世界货币体系中的重要储备货币。储备货币汇率波动必然会对美国和欧元区的对外贸易额产生影响，进而对全球的贸易产生显著的影响。

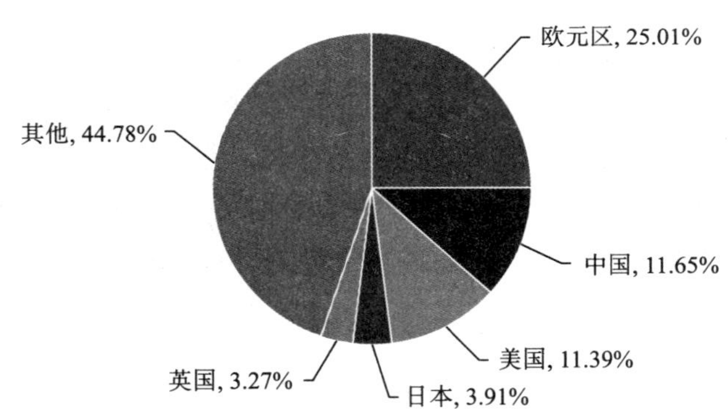

资料来源：IMF 数据库。

图 3 –6　2016 年贸易额前五的国家或地区占比

图 3 –7 和图 3 –8 分别是 2016 年中国和世界新兴经济体的对外贸易权重。从这两个图可以看出，2016 年中国以及世界新兴经济体的对外贸易中，同储备货币国的贸易额具有较高的比重，分别约为 34.5% 和 37.5%。储备货币的汇率发生波动必然会对中国等新兴经济体与各储备货币国的贸易产生显著影响，因此，对各新兴经济体的对外贸易也会产生较大的影响。

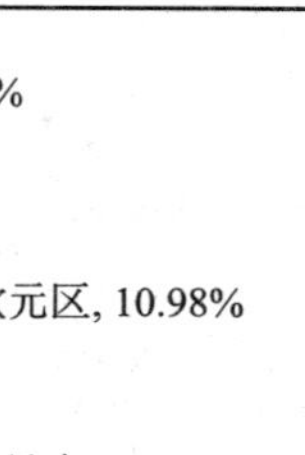

资料来源：IMF 数据库。

图 3－7　2016 年中国对外贸易权重

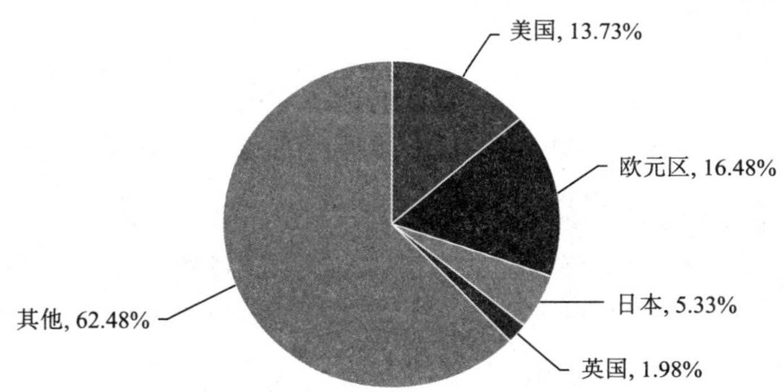

资料来源：IMF 数据库。

图 3－8　2016 年世界新兴经济体对外贸易权重

由此可知，储备货币国在世界贸易中所占据的重要地位，增加了储备货币汇率波动对世界范围内的贸易所产生的影响。这是储备货币汇率波动的贸易效应区别于一般汇率波动的贸易效应的一个重要原因。

第二，储备货币在全球范围内作为计价与结算货币，其汇率波动对贸易的影响也显著高于一般货币的汇率波动。作为广泛使用的计价货币，储备货币的汇率波动能够影响各经济体间贸易商品的价格，从而对贸易造成影响。同时，作为主要的结算货币，其汇率波动会增加企业进出口结算时的风险，影响企业的贸易决策。图 3－9 是 2017 年 12 月国际贸易中的主要结算货币构成。可以看出，美元、欧元、日元和英镑四种主要的国际储备货币在国际结算中的占比接近 90%，这四种货币汇率的波动对贸易的影响必然会显著高于其他非储备货币。

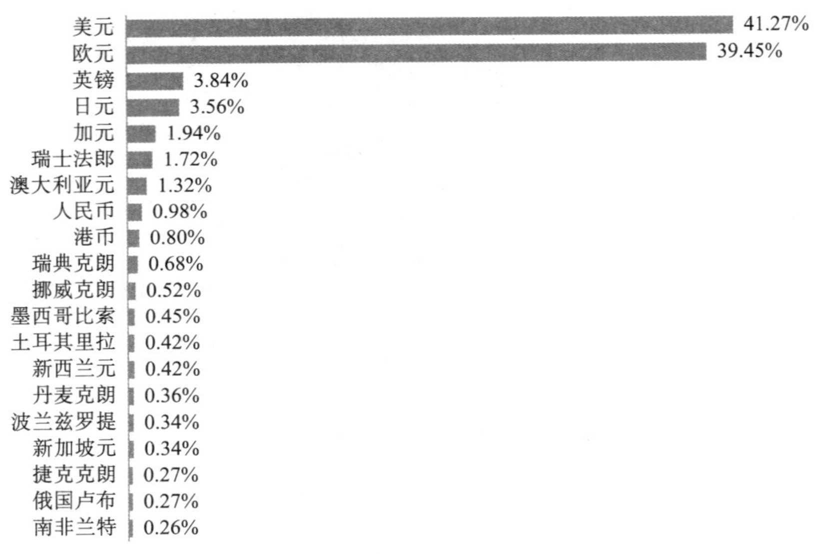

图 3－9 2017 年 12 月全球贸易中主要结算货币占比①

同时，储备货币国，尤其是美国和欧元区国家在国际贸易中主要以本国货币进行计价和结算。相对于非储备货币国来说，储备货币国的企业在对外贸易中面临较低的汇率风险。这导致了储备货币国在国际市场的激烈竞争中处于优势地位，加剧全球失衡的发展。

第三，储备货币的汇率波动对各经济体货币的实际有效汇率有较为重要的影响。同时有研究表明，货币的实际有效汇率对进出口贸易具有显著地影响，如曾智（2015）详细探讨了人民币实际有效汇率对中国出口的影响，李炳（2016）详细研究了人民币实际有效汇率对中国对外贸易的影响等。因此，储备货币的汇率波动通过改变各经济体货币的实际有效汇率，从而更大程度地影响了对外贸易水平。这也是区别于一般货币汇率波动的重要特征之一。

图 3－10 是 2000 年人民币实际有效汇率和人民币兑美元的汇率。从 2005 年汇率改革以来，人民币的实际有效汇率与人民币—美元汇率呈现显著的负相关关系。人民币兑美元升值伴随着人民币实际有效汇率的上升。由此可见，储备货币的汇率波动对各经济体货币的实际有效汇率有较为重要的影响。

根据以上三个方面可知，储备货币汇率波动对一国对外贸易的影响会显著高于其他货币汇率波动对一国对外贸易的影响。

---

① 数据来源于 SWIFT 报告：RMB internationalisation：Where we are and what we can expect in 2018。

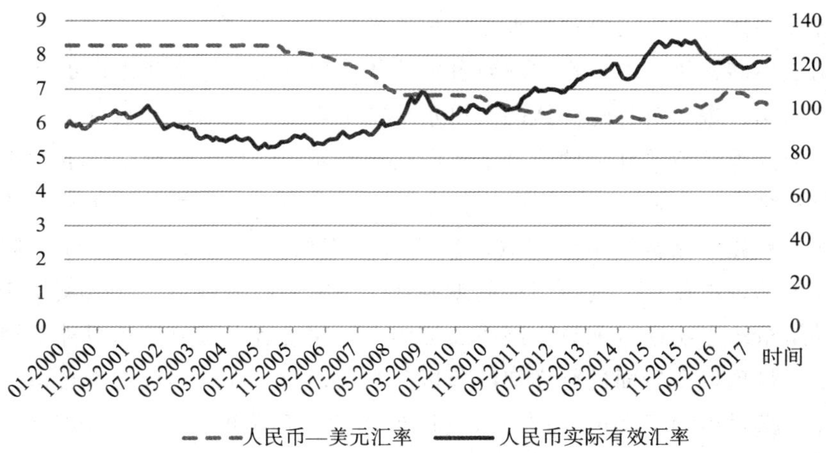

资料来源：国际清算银行。

图 3－10　2000 年以来人民币实际有效汇率与人民币—美元汇率

2. 储备货币汇率波动的产出效应

现有文献的研究认为，一般的货币汇率波动对产出影响主要通过两个方面：对外贸易和资本流动。汇率的波动对各经济体的对外贸易和资本流动产生方向相反的影响，最终汇率波动对产出影响的方向取决于这两种力量的对比（李炳，2016）。有大量的文献对一般货币汇率波动的产出效应进行了理论和实证分析，在文献综述中已经进行了总结。作为储备货币，其汇率波动对产出的影响主要有以下三个方面的区别：

第一，储备货币汇率波动对各经济体对外贸易的影响大于一般货币汇率波动对贸易的影响。这一点在前文中已经进行了论证。因此，储备货币的汇率波动对各经济体的产出效应也高于一般货币的汇率波动。

第二，储备货币的汇率波动对外商直接投资（FDI）有较大的影响，从而影响一国的产出水平。现有文献的研究认为，货币的汇率波动对外商直接投资有显著的影响，如程瑶和于津平（2009）研究表明，无论是在长期还是在短期，人民币的实际有效汇率的变动都会显著影响外商直接投资；毛日昇（2015）的研究认为，人民币实际汇率的升值会降低外商直接投资，且 2005 年汇改以来人民币汇率波动对中国的外商直接投资影响显著增强。而储备货币的汇率波动对汇率的波动具有较强的相关性。因此相比于一般货币的汇率波动，储备货币汇率波动能够更大程度上造成各经济体货币实际有效汇率的变化，进而对各经济体外商直接投资带来更大程度的影响。

第三，储备货币的汇率波动对各经济体，尤其是非储备货币国的货币政策会产生影响，进而对各经济体的产出水平产生影响。货币政策目标之一是经济增长，当货币政策的独立性受到汇率波动影响时，汇率波动就能够通过影响货币政策最终对经济增长产生影响。储备货币汇率波动对货币政策影响主要有两个方面。首先，储备货币汇率波动影响货币当局资产负债表中的外汇储备占款。外汇储备占款作为货币当局的重要资产，属于高能货币，其余额的变动对货币供给量的影响通过乘数作用而加倍放大。储备货币汇率波动对外汇储备的估值效应机理将在后面进行详细的分析。其次，对于尚未实现汇率自由浮动的经济体，其货币的汇率也会被纳入货币当局的管理范畴。即使中国 2005 年汇改后采用了参考一篮子货币定价的汇率制度，人民币的实际有效汇率依然与人民币—美元的汇率高度相关（图 3－10）。因此，储备货币的汇率波动对各货币的汇率有较大的影响，各货币当局为了控制货币汇率的波动范围，会主动干预外汇市场，从而降低了货币政策的独立性。

3. 储备货币汇率波动的价格效应

汇率传递性是汇率波动研究中的一个热点问题。当前绝大部分相关文献都认为汇率波动对物价水平的传递性是存在的，但对汇率传递的程度则观点不一。在文献综述中已经对于这些文献进行了阐述。从储备货币的角度来看，其汇率波动的传递性主要有以下两个方面的特点。

第一，储备货币的汇率波动能够较大程度地影响各经济体货币的实际有效汇率波动，因此相较于一般的货币而言，储备货币汇率波动的传递性较强。前文已经对储备货币汇率波动对各经济体货币实际有效汇率的影响进行了阐述。

第二，当前全球市场上原材料和能源的交易主要以美元进行计价和结算，因此作为储备货币的美元汇率波动会影响世界市场上资源和能源品价格。对资源或能源出口国来说，当美元的汇率发生变动时，其出口商品的价格会受到影响，从而影响该国的外汇收入水平；对能源或资源品进口国来说，美元汇率的波动会影响其从国际市场上收购能源或资源品的价格。而能源和资源是企业经营中的重要生产要素，因此，美元的汇率波动会进一步对生产者价格指数造成影响，并最终传递至消费者价格指数。

图 3－11 是 1980 年 1 月至 2017 年 6 月国际市场中的原油价格指数、金属价格指数和美元指数的月度数据。其中，原油价格指数和金属价格指数对应左

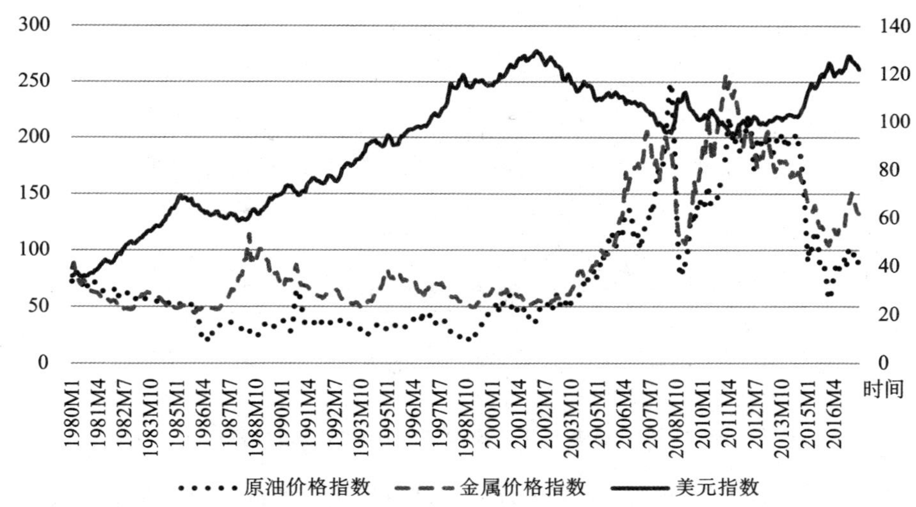

资料来源：原油价格指数和金属价格指数来自 IMF 数据库，美元指数来自美联储数据库。

图 3－11　1980 年以来国际市场原油价格指数、金属价格指数与美元指数

侧坐标轴，美元价格指数对应右侧坐标轴。从图 3－11 中不难看出，国际市场原油和金属价格指数与美元价格指数呈现出较为明显的负相关关系：当美元走弱时，原油和金属价格上升；当美元走强时，原油和金属价格下降。正是由于国际市场中的资源品和能源品价格绝大部分以美元计价和结算，导致能源和资源品价格对美元汇率波动较为敏感。因此，当美元汇率发生波动时，各经济体进出口能源和资源品的价格会随之发生变化，并进一步传递至各经济体的物价水平中。这一点是储备货币汇率波动传递途径与一般货币汇率波动传递途径的一个重要区别。

4. 储备货币汇率波动的利率效应

现有文献研究普遍认为，汇率和利率之间存在着复杂的互动关系，非抛补的利率平价理论并不完全成立（刘一楠和宋晓玲，2016）。利率—汇率之间互动关系的传导主要通过三个方面来实现：经常项目途径、资本项目途径和本外币资产转换途径（潘锡泉，2013）。但储备货币的汇率波动对于非储备货币国来说，往往是外生的，更多地取决于储备货币国的货币政策。2008 年金融危机发生后美国实行的量化宽松政策及其退出，给全球各经济体货币的汇率带来冲击。在面临储备货币汇率的外生冲击时，各经济体需要相应的国内政策调整来应对，由此带来了外生汇率冲击向国内利率变动的传导。储备货币汇率波动的利率效应主要有以下四种传导途径（见图 3－12）：

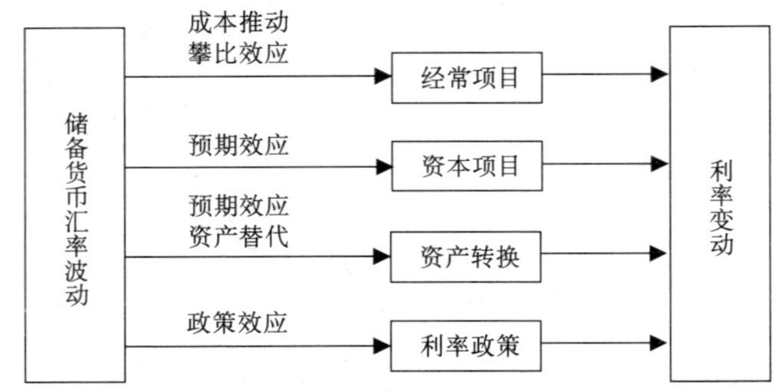

图 3－12 储备货币汇率波动的利率效应传导机理

第一，经常项目变动。前文中说到，储备货币汇率波动对一国货币的实际有效汇率带来较为显著的影响，进而会影响到一国进出口商品的本币价格，最终对经常项目的收支产生影响。由此会导致国内物价在成本推动以及“攀比效应”（潘锡泉，2013）下发生变动，改变国内货币的供需状况，最终引起国内利率水平的变化。

第二，资本项目变动。该途径受到不同国家资本账户开放程度的影响。对于资本自由流动的国家来说，储备货币汇率变动会改变其他国家货币汇率变动的预期，导致短期资本的迅速流动。短期资本的快速转移必然导致国内货币供应量的变化：短期资本外逃时，投机者卖出本国货币买入国外货币，导致本国货币供应量上升，进而导致本国利率下降；短期资本流入时则相反，会导致本国利率上升。这是储备货币汇率波动给资本流动所带来的“预期效应”。而对于资本账户尚未完全开放的国家来说，短期资本流动受到管控，储备货币汇率波动难以通过资本账户的变动传递至利率。

第三，本外币的资产转换。储备货币的汇率冲击会引起其他国家居民和企业所持有的外汇资产价值发生变化，同时也会改变对储备货币汇率变动的预期。当居民和企业的预期发生变化时，为了降低汇率波动对其所持有的资产价值产生影响，居民和企业会主动调整资产的本外币资产构成。由此引起货币市场供求变动，并进一步影响利率。

第四，应对汇率变动的利率政策。正如前面所说，储备货币的汇率波动对于非储备货币国来说往往是外生冲击，且对各国货币汇率的影响较大。非储备货币国只能被动应对这一冲击，要么在冲击发生前采取预防性的措施，如利用金融工具进行汇率避险；要么在冲击发生后主动调整国内政策来应对外来的汇率冲击。因此，储备货币汇率的冲击对一国利率的影响一方面通过改变货币的供需状况来影响利率，另一方面一国应对储备货币汇率冲击的利率政策也会将汇率冲击转移到利率中。这是储备货币汇率波动的利率效应与一般货币汇率波动对利率影响的一个重要区别。

同时应当注意，储备货币汇率波动的利率效应与不同国家的开放程度、汇率制度密切相关。在前面分析中提到，储备货币汇率波动通过资本项目影响利率变动的前提是资本项目开放。同样的，对于贸易开放程度高的国家来说，其储备货币汇率波动通过经常项目影响利率变动的程度要高于贸易不开放或者开放程度较低的国家。

对于实行自由浮动汇率制度的国家来说，储备货币的汇率波动能够充分地反映在本国货币的汇率中，而汇率的变动会进一步影响本国的经常项目，并在长期中引起本国物价变动，推动利率水平发生变化。由于政府不会主动干预汇率的波动，因此储备货币汇率波动对利率政策的影响较小。

对于没有实现汇率自由浮动的国家来说，储备货币汇率波动对本国货币汇率的影响较为有限。当本国货币汇率的变动超出允许的区间时，政府会进入外汇市场进行干预，甚至通过变动利率，引起资本流动来抵消本国汇率长期偏离政府预期的趋势。本国货币利率浮动区间的限制使得本国的对外贸易较少受到冲击，但本国的政策独立性受到影响。越偏向于固定汇率制度的国家，储备货币汇率波动对政策的影响越大，对贸易的影响越小。

5. 储备货币汇率波动的估值效应

各国中央银行持有的外汇储备和企业居民部门持有外汇的资产价值直接受到储备货币汇率波动的影响。一般情况下，由于目前绝大多数非储备货币国都以美元作为基准汇率，外汇储备的估值都以美元表示。当美元汇率发生变动时，会影响一国外汇储备中不以美元标价的货币资产的美元价格，因此而影响外汇储备的估值；若美元以外的储备货币汇率发生波动，如欧元，则会直接影响外汇储备中欧元货币资产的美元价格，由此改变外汇储备的估值。储备货币汇率波动除了通过直接影响外汇储备估值以外，还会通过以下两个方面影响外汇储备的估值：

第一，储备货币的汇率波动会改变一国外汇储备的规模。前面分析到，储备货币的汇率波动能够显著地影响一国的经常账户，而经常账户余额的变动将引起外汇储备规模的变动。因此，储备货币汇率波动能够通过影响一国经常账户余额来改变外汇储备规模。此外，对于采用不完全自由浮动汇率制度的国家来说，储备货币的汇率波动会导致本国货币汇率的波动。如果本国货币汇率的波动幅度接近允许波动幅度的边界时，货币当局就会动用外汇储备对外汇市场进行干预，从而改变该国的外汇储备规模。

第二，储备货币的汇率波动会改变一国外汇储备的结构。外汇储备的结构包括币种结构、时间结构以及资产类型结构三个方面。基于外汇储备管理对外汇储备稳定性、盈利性等方面的要求，货币当局会根据当前各储备货币汇率波动的情况主动调整外汇储备的结构。首先，各国货币当局会增持具有币值上升预期的外汇资产，而减持长期预期币值下跌的外汇资产，以满足外汇储备管理营利性的要求。其次，各国货币当局会更倾向于使用币值较为稳定的货币作为外汇储备，而减少持有币值波动频繁、波动幅度大的货币资产，从而降低外汇储备的汇率风险。当一国货币当局由于储备货币汇率波动的原因调整外汇储备结构时，外汇储备的估值也会相应地发生变化。因此，储备货币的汇率波动可以通过改变外汇储备结构影响外汇储备资产的估值。

储备货币汇率波动对于一国外汇储备结构的影响通常因不同国家外汇储备规模不同而具有差异性。对于中国这种外汇储备规模巨大的国家来说，调整外汇储备规模是短期内难以实现的。因为巨大的外汇储备规模调整涉及多种货币资产的大规模交易，会引起相应外汇资产价格的变动，给本国的外汇储备带来巨大的损失。因此，储备规模较大的国家更多地关注储备货币汇率的长期波动，根据未来汇率波动的预期对外汇储备结构进行渐进式的调整。而外汇储备规模较小的国家对外汇储备结构的调整则相对自由，因为其交易规模小，难以引起国际市场上外汇资产价格的变化。这类国家可以更多地关注短期汇率风险，及时调配外汇储备规模来实现收益最大化。

3.2.3 储备货币汇率波动效应的非对称性分析

储备货币汇率波动效应的非对称性是指储备货币汇率波动给储备货币国所带来影响程度和对非储备货币国所带来影响程度的差异。造成非对称性的原因主要有以下几点：

第一，储备货币作为全球广泛使用的结算货币所带来的非对称性。前文图3-9表明当前世界各国的贸易结算中，欧元和美元两种主要储备货币占结算货币总额的80%左右。同样的，国际金融市场中的大部分金融产品也以美元和欧元定价。因此，当一国货币对美元或欧元的汇率受到冲击时，该国从国际市场上购买和出售商品、服务与金融产品的价格会随之变动，从而对该国的对外贸易与资本流动造成影响，而且进口价格与金融产品价格的变动会进一步传递至该国国内的物价水平、利率等方面。与此同时，对储备货币国来说，由于国际市场上许多商品、服务与金融产品的价格都是以本国货币计价，一个非储备货币国家的汇率相对本国货币汇率的波动并不会影响本国在国际市场上购买商品、服务与金融产品的价格，仅仅会对本国对该国进口与出口商品或服务，以及以该国货币计价的金融产品（占比较小）的价格产生影响。因此，一国货币相对于储备货币汇率的波动对本国的影响要高于对储备货币国家的影响，这就产生了非对称性。

第二，储备货币国一般是经济较为发达的国家或地区，具有庞大的经济总量、完备的工业体系、丰富的资源贮藏、完善的金融市场以及成熟的市场经济体制等，这些因素使得储备货币国具有更大的外部风险抵御能力，能够充分消化汇率波动所带来的冲击，降低了汇率波动对其本身的影响。而非储备货币国则不同，要么是新兴市场国家，要么是发达的小型经济体。这些国家在经济总量、工业体系、资源贮藏、金融市场以及市场经济中的全部或者某几个方面与发达国家具有显著的差距。例如中国虽然经济总量排名世界第二，但金融市场的发展程度仍然较为落后；或者新加坡虽然有着发达的金融市场和高度发展的市场经济体制，但其经济总量、资源贮藏以及工业体系与储备货币国有着较大的差距。由此而导致储备货币汇率波动对非储备货币国所造成的影响要大于对储备货币国所造成的影响。

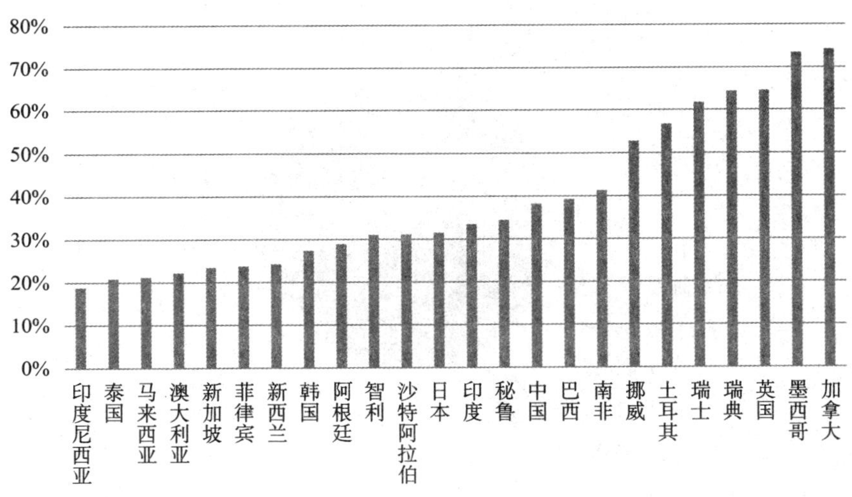

资料来源：IMF 数据库。

图 3－13　2016 年美国和欧元区同世界主要经济体的贸易额占比

第三，储备货币国是全球市场的重要参与者，在全球的商品市场和金融市场中具有重要的影响，与全球多数国家具有密切的贸易和资本往来。前文图3－6表明，2016年美国和欧元区的贸易总额占全球贸易总额的约35%；进一步分析可以发现，美元和欧元区同世界其他主要经济体的贸易关系都比较密切。图3－13是2016年美国和欧元区同世界24个主要经济体的贸易额在各国当年贸易总额中的占比。从图中可以看出，2016年美国和欧元区同与世界各主要经济体的对外贸易占比重，最低也有接近20%，而最高则接近75%。图3－14和图3－15分别是2016年美国和欧元区同世界主要的25个经济体贸易往来的占比。可以看出，除了中国等个别国家外，大部分非储备货币国同美国和欧元区的贸易额占美国和欧元区当年贸易总额的比例不超过10%。因此，一国货币相对于美元或者欧元汇率的波动给该国同美国和欧元区之间的贸易以及资本流动造成的冲击，对本国经济影响要高于对美国和欧元区的影响，因为与美国和欧元区之间的贸易和资本往来占本国贸易总额与资本流动总额的比例要高于其占美国和欧元区对外贸易和资本流动总额的占比。因此，储备货币汇率波动所带来的影响具有一定的非对称性。

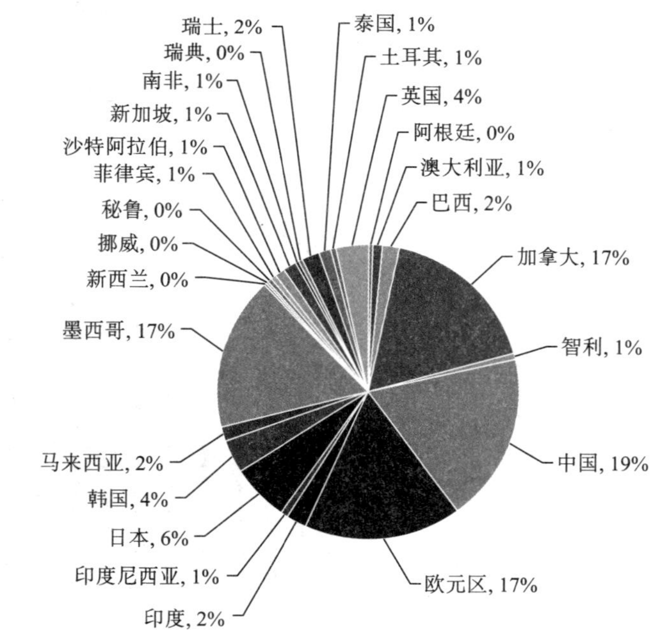

资料来源：IMF数据库。

图3－14　2016年美国同25个主要经济体贸易额占比

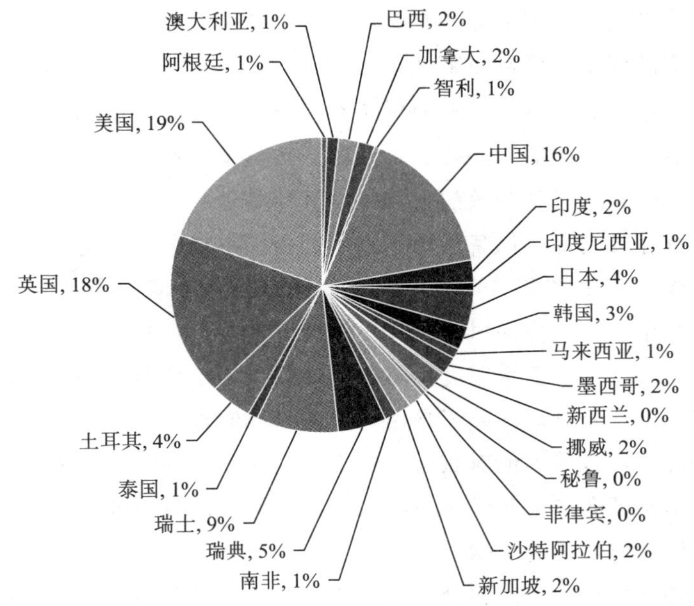

资料来源：IMF 数据库。

图 3-15　2016 年欧元区同 25 个主要经济体贸易额占比

第四，储备货币国掌握了世界货币的发行权，其货币当局会根据本国的需要进行相机抉择，选择最适合本国经济状况的货币政策，进而引国际储备货币汇率的波动。而适合本国经济状况的货币政策往往不会过多地考虑外溢效应，对众多的非储备货币国家所造成的影响并没有纳入到储备货币国的货币政策框架中。2008 年金融危机发生后美国的量化宽松政策以及随后量化宽松政策的逐步退出给世界各国带来的巨大的影响，就充分表明了这一点。储备货币国的货币政策选择有利于本国经济的发展，而对个储备货币来说则是外部风险——其引起全球性通货膨胀或者紧缩，全球商品市场物价波动，全球性的资本流动，以及全球性的汇率波动，并传导至世界上各非储备货币国。储备货币地位的给储备货币国在全球的经济发展中带来了主动地位，世界各储备货币国处于被动地位，由此会产生极大的非对称性。

在第 5 章和第 6 章的实证分析中，将对储备货币汇率波动各个效应的非对称性进行进一步的实证考察和深入分析。

3.2.4　影响储备货币汇率波动效应的因素

前一节考查了储备货币汇率波动各项效应的机理。进一步需要研究的是影响不同汇率波动效应的因素究竟有哪些？本书认为，总的来看，影响储备货币汇率波动效应的因素主要有以下几个：

第一，经济开放程度。前文分析了经济开放程度不同的国家储备货币汇率波动的利率效应是不同的。同样，不同的开放程度对储备货币汇率波动的其他效应也有显著的影响。越开放的经济体，其与其他各国经济的联系越紧密，与外部经济的依存度越高。储备货币的汇率冲击能够通过多种途径迅速传导至整个开放经济体。相比之下，开放程度较低的经济体受到外部影响的程度也较低，对储备货币的汇率波动风险也较不敏感。

第二，汇率制度。汇率制度能够影响储备货币汇率风险的传导途径，导致其波动效应也出现差异。在趋于自由波动的汇率制度下，储备货币汇率波动对货币政策的传导性减弱，但对贸易、资本流动等方面的传导性增强；相反，趋于固定的汇率制度会增大储备货币的汇率波动对一国货币政策、利率政策的影响，同时减少其对贸易的影响。

第三，经济总量。在前面分析到，总量较大的经济体总是比总量较小的经济体能够承受更大的外部冲击。总量较小的经济体往往更加依赖外部经济，其出口的产品种类有限、外汇储备规模较小，即使有发达的金融市场和种类丰富的金融工具，往往也难以完全抵御外部冲击。外部冲击很容易对小型经济体带来巨大的影响，例如汇率波动导致贸易条件改变会给出口种类较为单一的经济体带来巨大的冲击，国际游资的转移会给外汇储备规模较小且金融体系不健全的经济体在短期内造成严重影响等。因此，各经济体经济总量的不同也会导致受到储备货币汇率波动的影响产生差异。

3.3 本章小结

本章主要研究了两个问题：一是储备货币汇率波动效应在不同的国际货币体系变迁历史中有何特征；二是如何从理论上阐明储备货币汇率的波动效应及其机理。

第一，通过对古典金本位制、布雷顿森林体系和当代国际货币体系制度下的储备货币汇率波动效应进行的历史考察，分别探讨了三种不同历史时期国际货币体系的特点、储备货币体系、储备货币汇率波动的特点和储备货币汇率波动的影响四个问题。通过历史比较研究发现，随着国际货币体系的历史变迁，储备货币汇率的波动性逐渐增强，汇率波动的外部影响也逐渐增大。同时随着对储备货币发行的硬约束逐步减弱乃至名存实亡，储备货币发行的稳定性日益下降。这导致了当代国际货币体系下储备货币的汇率波动更加频繁，波动的幅度更加剧烈。同时随着技术的进步和全球经济联系日益紧密，储备货币的汇率波动对各经济体的影响也更大更广泛。因此，对储备货币汇率波动效应进行深入研究就更加必要。

第二，在储备货币汇率波动效应的理论分析部分，本书将储备货币的汇率波动效应划分为“实体效应”和“金融效应”两个部分，前者包含贸易效应和产出效应，后者包括价格效应、利率效应和估值效应。随后对着五个方面效应进行了理论分析，探讨了储备货币汇率波动对经济不同方面影响的路径，以及储备货币汇率波动效应相对于一般货币汇率波动效应的特点。最后，对影响储备货币汇率波动效应的因素进行了分析。理论分析表明，储备货币的汇率波动效应一般具有显著的差异性，即储备货币汇率波动所带来的影响大于非储备货币汇率波动所带来的影响；同时，储备货币的汇率波动效应还往往具有差异性，即其对储备货币国的影响往往小于对非储备货币国的影响。

后面的研究将在本章理论分析的基础上构建一个包含 33 个经济体的全球向量自回归模型，对储备货币汇率波动的贸易效应、产出效应、价格效应、利率效应和估值效应的显著性、差异性和非对称性分别进行实证检验。

4.

储备货币汇率波动效应实证模型——GVAR模型的构建

本章将构建一个 Global VAR（Global Vector Autoregressive，以下简称 GVAR），以对储备货币汇率波动效应进行进一步的实证分析。GVAR 模型即全球向量自回归模型，最早由 Pesaran 等（2004）提出，之后在 Dees 等（2007a）、Dees 等（2007b）及 Pesaran 等（2009a）等文章中进一步被拓展。在国内，张岩群（2012）详细介绍了 GVAR 模型的基本框架和方法，杨经国（2016）使用 GVAR 模型研究了国际金融危机传染的问题。2013 年 Filippo 和 Pesaran 出版了 GVAR 手册（The GVAR Handbook: Structure and Applications of a Macro Model of the Global Economy for Policy Analysis, 2013），书中详细介绍了 GVAR 模型的改进和若干应用案例。Chudik 和 Pesaran（2016）总结了自 GVAR 模型提出以来的最新发展，并将其应用领域总结为以下三点：

（1）在全球金融领域的应用。Pesaran（2004a）首次建立 GVAR 模型就是为了从全球视角对研究债务风险进行建模分析；de Wet 等（2009）使用 GVAR 模型研究了南非信贷组合管理的问题，在模型的国内因素加入了零售商和企业的信用风险；Castren 等（2010）使用 GVAR 分析了欧元区企业在大范围宏观经济冲击的情况下发生违约行为的可能性。还有大量的文献使用 GVAR 模型研究了包括主权信用风险和非金融部门信用风险等在内的风险和信用问题，如 Favero（2013）、Dreger 和 Wolters（2011）等。

（2）在全球宏观经济领域的应用。Dees（2007a）在 Pesaran（2004a）的基础上，将 GVAR 模型扩展至更多的国家和更长的时间序列，来研究冲击在不同国家之间的相互影响和传播。在此基础上，GVAR 模型的应用又拓展至了对全球通胀的研究，如 Galesi 和 Lombardi（2009）；对全球失衡的研究，如 Bussiere 等（2012）；对汇率失调的研究，如 Marcal 等（2014）；对经济周期的研究，如 Boschi 和 Girardi（2011）；对美国在全球经济中主导地位的研究，如 Chudik 和 Smith（2013）；对商品价格模型的研究，如 Gutierrez 和 Piras（2013）；对财政和货币政策效应的研究，如 Favero（2011）、Feldkircher 和 Huber（2014）；对劳动市场的研究，如 Hiebert and Vansteenkiste（2010）等众多宏观经济领域。

（3）在经济预测方面的应用。Pesaran 等（2009a）首次使用 GVAR 模型预测全球经济。他们使用 Dees（2007a）的 GVAR 模型预测了实际产出、通货膨胀、实际资产价格、汇率以及利率等经济变量。de Waal 和 van Eyden（2013a）使用 GVAR 模型预测了南非重要的国内经济变量，他们发现通过构建 GVAR 模型引入国外经济变量能够更有效地对南非经济进行预测。Schanne（2011）使用德国区域劳动力市场数据使用 GVAR 模型对区域劳动力市场进行了预测。GVAR 模型还在贸易失衡、全球增长等领域的预测中得到了应用，如 Greenwood - Nimmo 等（2012b）、Chudik（2014）等。

在上一章中分析到，储备货币的汇率波动效应是复杂且广泛的，单一的从某一个经济体或者某一种货币的角度进行深入的研究都难以取得可靠的结果。因此有必要采用一个能够反映众多国家之间相互关联、各经济变量之间复杂的相互影响，又能凸显美元、欧元等货币的国际储备地位的模型，才能对该问题有全面可靠的研究结论。本书要构建的 GVAR 模型包含 33 个经济体的多个经济变量，还包括反映全球经济形势的全局变量，能够将各经济体之间的相互关联与影响反映在实证结果中，从全局的视角对多个经济变量之间的相互关系进行研究。因此，GVAR 模型非常适合用来对储备货币的汇率波动效应这一问题进行实证考察。

本章内容将做如下安排：第一部分对本章要使用的 GVAR 模型的基本方法和思路进行介绍；第二部分详细介绍本章将采用的数据样本和指标定义；第三部分通过对本模型的可靠性进行分析。对于本模型结果的分析，将在后面两章根据不同的储备货币汇率波动效应分别展开。

4.1 GVAR 模型的构建方法

GVAR 模型包含了全球主要国家和地区的经济数据，能够反映出在全球经济体的参与下，不同国家、不同变量之间的相互影响，是全局性的宏观计量模型。模型数据由 $N+1$ 个国家 T 期的时间序列构成，每个国家用脚标 $i=0$，1，2，…，N 进行标识。其中任意一个国家 i 包含有k_i个内生的国内变量序列，这些时间序列在第 t 期的数据组成向量X_{it}。因此，在第 t 期，所有 $N+1$ 个国家的跨国面板数据变量可以组合成 $k\times 1$ 阶向量$X_t=(X'_{0t},\ X'_{1t},\ \cdots,\ X'_{Nt})'$，其中 $k=\sum_{i=0}^{N}k_{it}$。国家 i 内生的k_i个国内变量所对应的国外变量为$k_i^*\times 1$ 阶向量，记为X_{it}^*。X_{it}^*是由除了国家 i 以外的其他国家的变量序列加权构建的，即：

$$X_{it}^* = \sum_{j=0}^{N} w_{ij} X_{jt} \tag{4.1}$$

其中，对于任意 i，$w_{ii}=0$ 且 $\sum_{j=0}^{i} w_{ij}=1$。w_{ij}表示不同国家加权的权重系数，代表了每个国家对国家 i 的影响程度。GVAR 模型破除了一般 VAR 模型中对于时间序列数据平稳性的要求，只需要存在显著的协整关系，平稳序列和单位根序列都可以在 GVAR 模型中进行计算分析。总的来说，运用 GVAR 模型进行分析主要分为两部分：一方面，计算国家 i 所对应的国外变量X_{it}^*，并将其纳入到国家 i 的 VAR 模型中，从而建立国家 i 的 VARX* 模型，并对其进行求解；另一方面，将所有国家的时间序列数据纳入进一个 GVAR 模型中进行计算求解。

首先介绍单一国家的 VARX* 模型。对经济体 i，其国别 VARX*（p，q）模型可以写为：

$$\Phi_i(L,\ p_i)X_{it}=\alpha_{i0}+\alpha_{i1}t+\gamma_i(L,\ q_i)D_t+\Lambda_i(L,\ p_i)X_{it}^*+u_{it} \tag{4.2}$$

其中，α_{i0}是截距项；$\alpha_{i1}t$ 代表时间趋势；D_t是可观测的全球影响因子向量，可以称为全球变量，阶数由选取的全球变量个数 m 决定，是 $m\times 1$ 阶向量；u_{it}是国别随机冲击，是协方差矩阵正定的独立同分布变量，均值为 0；L 是滞后算子；Φ_i、γ_i和Λ_i均为 L 的多项式。$i=0$ 表示要研究的对象国家，$i=1$，2，…，N 表示其他对研究对象产生影响的国家或者经济体。p_i是国家 i 的内生变量滞后阶数，q_i是国家 i 的国外经济变量滞后阶数。为了方便表述，假定p_i和q_i都不大于 2。

通常情况下，为了使方程更具有经济意义，上述方程在满足格兰杰表示一致定理的情况下，通过类似于 AR 的模型转变为误差修正模型（Error Correction Model，ECM）的方式，而且两者相互等价。式（4.2）的误差修正形式如下：

$$\begin{aligned}\Delta X_{it}&=c_{i0}-\alpha_i\beta'_i[z_{i,t-1},\ -\gamma_i(t-1)]+\gamma_{i0}\Delta D_t\\&\quad+\Lambda_{i0}\Delta X_{it}^*+\gamma_{it}\Delta D_{t-1}+\Gamma_i\Delta \nu_{i,t-1}+u_{it}\end{aligned} \tag{4.3}$$

其中，$z_{it}=(X'_{it}, X^{*\prime}_{it}, D'_t)'$，是国家 i 的国内、国外变量和全球变量的组合向量，阶数为 $(k_i+k_i^*+m)\times 1$；$\nu_{it}=(X'_{it}, X^{*\prime}_{it})'$，是国家 i 的国内和国外变量的组合向量，阶数为 $(k_i+k_i^*)\times 1$；α_i、β_i 都是满秩矩阵，误差修正项被定义为：

$$\beta'_i[z_{i,t}, -\gamma_i t]=\beta'_i[(X'_{it}, X^{*\prime}_{it}, D'_t)'-\gamma_i t] \tag{4.4}$$

用来反映式（4.3）的长期趋势，β_i 和 γ_i 被称为长期参数，其他有待估计的参数是短期参数。另外，如果变量中的协整关系个数是 r_i，模型（4.3）还可以写为：

$$\Delta X_{it}=c_{i0}+\delta_i ECM_{i,t-1}+\gamma_{i0}\Delta D_t+\Lambda_{i0}\Delta X^*_{it}+\gamma_{it}\Delta D_{t-1}+\Gamma_i\Delta\nu_{i,t-1}+u_{it} \tag{4.5}$$

其中，$ECM_{i,t-1}$ 表示对应国家 i 的 r_i 个协整关系组合。

同时，国家 i 的国外变量 X^*_{it} 要满足弱外生性（Weak Exogeneity）的假设，以使上述的误差修正模型参数估计无偏，尽量减少内生性的影响。也就是说，在长期中，X_{it} 对 X^*_{it} 没有反馈效应，即后者不会因为前者的误差修正而发生变动。

在得到国家 i 的 VARX* 模型的估算之后，还要将所有 $N+1$ 个国家的所有内生变量 X_{it}（$i=1, 2, \cdots, N$）纳入一个全球向量，即 $X_t=(X'_{0t}, X'_{1t}, \cdots, X'_{Nt})'$。根据式（4.1），知道：

$$z_{it}=W_i X_t \tag{4.6}$$

把式（4.6）代入到式（4.2）中可以得到：

$$A_i W_i X_t=\alpha_{i0}+\alpha_{i1}t+u_{it} \tag{4.7}$$

其中，$A_i=(\Phi_i, -\Lambda_i, -\gamma_i)$，是滞后算子 L 的多项式，阶数小于或等于 2。更进一步地，如果定义 $G=[(A_0W_0)', (A_1W_1)', \cdots, (A_NW_N)']'$，$\alpha_0=(\alpha'_{00}, \alpha'_{10}, \cdots, \alpha'_{N0})'$，$\alpha_1=(\alpha'_{01}, \alpha'_{11}, \cdots, \alpha'_{N1})'$ 以及 $u_t=(u'_{0t}, u'_{1t}, \cdots, u'_{Nt})'$，就可以得到一个纳入了所有国家经济变量的全球 GVAR 模型

$$GX_t=\alpha_0+\alpha_1 t+u_t \tag{4.8}$$

在 GVAR 模型（4.8）的基础上，根据 Koop（1996），Pesaran 和 Shin（1998），广义脉冲响应函数（Generalized Impulse Response Functions，GIRFs）可以定义为：

$$GIRF(X_t; u_{ilt}, n)=\mathbb{E}\left(X_{t+n}\,\middle|\,u_{ilt}=\sqrt{\sigma^2_{il}}, I_{t-1}\right)-E(X_{t+n}\mid I_{t-1}) \tag{4.9}$$

其中，I_{t-1} 是 $t-1$ 时期的信息集；$\sqrt{\sigma^2_{il}}$ 是方差－协方差矩阵 Σ_{il} 中对应于第 i 个国家第 l 个方程的对角元素；n 是时间跨度。GIRFs 和 Sims（1980）提出的正交脉冲响应函数（Orthogonal Impulse Response Function，OIRF）不同，GIRF

不受 GVAR 模型中变量和国家排序的影响。

4.2　模型的数据选择

4.2.1　储备货币国的界定和模型数据样本的选取

要探究储备货币的汇率波动效应，首先要界定清楚储备货币国和储备货币的种类。由于大部分国家外汇储备的构成都是非公开的，难以对每个国家界定其主要储备货币的种类，只能通过世界货币基金组织（International Monetary Fund，IMF）给出的全球外汇储备的货币构成来进行统一的界定。

从图 4-1 和图 4-2 可以看出，自 1999 年以来，世界外汇储备中美元占据主要的储备货币地位，其次是欧元，日元和英镑也占有一定的比例。其他货币与美元、欧元、日元和英镑比起来规模相对较小。为了后面对实证结果进行讨论，同时考虑到结果的显著性，在下文中将主要以美元、欧元作为主要的储备货币进行分析，这也符合一般对储备货币进行研究的习惯。那么在 GVAR 模型中，就必然包括美国、欧元区这两个经济体。

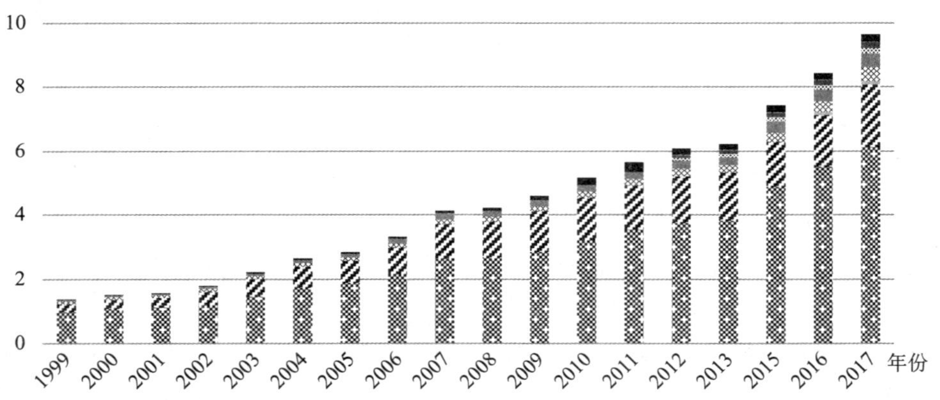

资料来源：IMF 数据库，单位万亿美元。

图 4-1　1999~2017 年世界外汇储备货币构成①

① 数据网址：http://data.imf.org/? sk=E6A5F467-C14B-4AA8-9F6D-5A09EC4E62A4。原数据是季度数据，此处采用每年第 4 季度数据作为年度数据。2017 年以文章写作时的最新数据第三季度数据作为年度数据。其中，2014 年数据缺失，但并不影响对储备货币种类的界定。

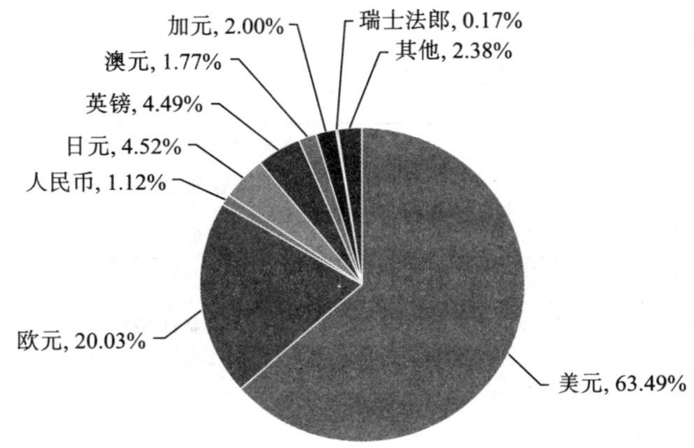

资料来源：IMF 数据库。

图 4-2　2017 年第 3 季度世界外汇储备构成

Dees（2007a）在 GVAR 模型的数据样本中包含了 33 个国家的数据，其中奥地利、比利时、芬兰、法国、德国、意大利、荷兰和西班牙是欧元区国家，在模型中作为一个整体代表整个欧元区。其时间序列为 1979 年第 2 季度到 2009 年第 4 季度的季度数据。鉴于本章的研究目的，将起始时间选择为 1999 年第 1 季度，同时将截止时间延长至 2016 年第 4 季度。调整时间跨度一是因为考虑到汇率作为本章的核心变量，需要用准确的数据以提高模型的质量。因此把欧元区成立的时间作为数据的起点，以将欧元区整体放入 GVAR 模型，而不是模仿 Dees（2007a）中将欧元区的部分国家进行加总代替欧元区进入模型。二是因为 1999 年以后的季度数据更加容易获得，只有一少部分缺失。除了欧元区的设定不同以外，其他国家的选择与 Dees（2007a）一致。本章的 GVAR 模型共包括 26 个国家或地区，具体如下：

北美洲：美国、加拿大、墨西哥；

南美洲：巴西、阿根廷、智利、秘鲁；

大洋洲：澳大利亚、新西兰；

亚洲：中国、日本、韩国、泰国、马来西亚、菲律宾、新加坡、印度尼西亚、印度、沙特阿拉伯、土耳其；

欧洲：欧元区、英国、挪威、瑞士、瑞典；

非洲：南非。

值得注意的是，欧元区在 1991 年 1 月 1 日成立时只有 11 个国家，随后又有八个国家在不同时间陆续加入了欧元区。欧元区各个国家的加入时间具体如

表 4－1 所示。

表 4－1　　　欧元区国家加入欧元区的时间

1999 年 1 月 1 日	德国、法国、意大利、荷兰、比利时、卢森堡、爱尔兰、西班牙、葡萄牙、奥地利、芬兰
2001 年 1 月 1 日	希腊
2007 年 1 月 1 日	斯洛文尼亚
2008 年 1 月 1 日	马耳他、塞浦路斯
2009 年 1 月 1 日	斯洛伐克
2011 年 1 月 1 日	爱沙尼亚
2014 年 1 月 1 日	拉脱维亚
2015 年 1 月 1 日	立陶宛

资料来源：Wikipedia。

在 1999 年 1 月 1 日后加入的八个国家会对欧元区国家的时间序列数据造成影响。但后加入的这八个国家在 1999～2016 年每年 GDP 总和与当年欧元区 GDP 的比值在 3%～5%之间（见图 4－3）。

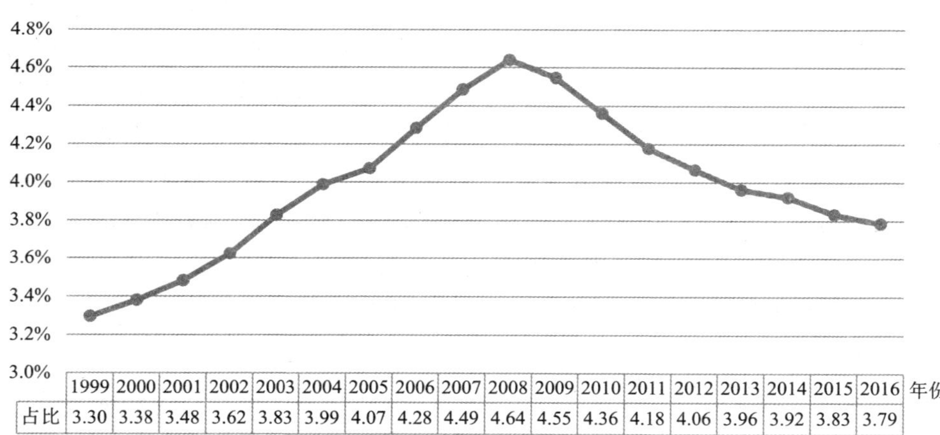

资料来源：世界银行数据库，当年美元名义 GDP。

图 4－3　1999 年后加入欧元区 8 国与欧元区 GDP 比值

以 GDP 为参照，后来加入欧元区的国家给欧元区的经济数据带来最多不足 5% 的变动，而且这 5% 的变动因为不同国家加入的时间不同而分散的各个年份，实际影响远小于这一比例。前面说到，Dees（2007a）中用奥地利、比利时、芬兰、法国、德国、意大利、荷兰和西班牙来代表整个欧元区。1999～

2016 年，这八个国家的 GDP 在欧元区中占的比例大约在 91% ~93.5% 之间（见图 4-4）。与之相比较，忽略掉后加入欧元区的 8 个国家对欧元区数据带来的影响对模型的结果不会有更大的误差，是可行的。

年份	1999	2000	2001	2002	2003	2004	2005	2006	2007	2008	2009	2010	2011	2012	2013	2014	2015	2016
占比	93.2	92.9	92.7	92.3	92.1	91.9	91.6	91.4	91.1	91.1	91.3	91.5	91.8	91.9	92.0	91.9	91.4	91.4

资料来源：世界银行数据库，当年美元名义 GDP。

图 4-4　1999 ~2016 年 Dees（2007a）中欧元区八国与欧元区 GDP 比值

4.2.2　主要经济指标和数据来源

要考察储备货币的汇率波动效应，GVAR 模型中就必然要包括能够反映一国宏观经济状况的指标。参照 Dees 等（2007a），本书用实际 GDP、通货膨胀率来衡量宏观经济状况，用利率、证券价格指数来反映金融市场运行状况，用进口和出口数据来反映对外贸易状况，用外汇储备数据来反映外汇储备状况，用石油价格、农业原材料价格和金属价格作为全球变量，反映全球的宏观经济环境。同时，本部分还参照 Lei 和 Liu（2105）的做法，在模型里增加了美元货币供应量这一全球变量以使模型的结果更加符合现实。本书的数据主要取自 IMF 的 IFS（International Financial Statstics）数据库，部分缺失的数据取自各个国家的政府网站和 bloomberg 数据库。以下是对模型中主要数据指标的定义和详细说明。

1. 实际国内生产总值，以 RGDP 来表示

该指标用来反映一个国家的综合经济发展状况，在 IFS 数据库中有详细的统计。其中，除了中国、印度和墨西哥以外的国家在 IFS 数据库中均有 1999 年至

2016年的以本币计量的季度GDP数据，这一数据的名称为“National Accounts, Gross Domestic Product, Nominal, Domestic Currency”，编码为“NGDP_XDC”；中国的名义季度GDP数据可以在中国国家统计局网站上获得；印度和墨西哥的名义季度GDP数据从万德数据库和Bloomberg数据库中获得。这些名义GDP数据经过汇率换算转换成美元计量，经过X12季节调整后，除以当年的GDP平减指数来转换为实际GDP。GDP平减指数的数据也来自于IMF数据库，名称为“Gross Domestic Product, Deflator, Seasonally Adjusted, Index”，编码为“NGDP_ D_ SA_ IX”。

2. 通货膨胀率

用来反映一个国家经济运行中的总需求状况，用各个国家的消费者指数（Consumer Price Index）来衡量，在模型中记为CPI。CPI的季度数据在IFS数据库中有详细的记录，其指标名称为“Prices, Consumer Price Index, All items, Index”，编码为“PCPI_ IX”。这些CPI指数均以2010年为基期，但没有经过季节调整，需要使用X12方法消除季节性因素。

3. 短期利率

用来反映一个国家的资金供求状况。为了方便数据获取，使用IFS数据库中的活期存款年利率作为短期利率，在模型用以R来表示。除了新西兰、挪威和沙特阿拉伯以外的国家均能在IFS数据库中找到存款利率，其名称为“Financial, Interest Rates, Deposit, Percent per annum”，编码为“FIDR_ PA”。新西兰、挪威和沙特阿拉伯三个国家的利率数据缺失。年度利率R_{it}需要通过下面这一公式转化为季度利率SR_{it}：

$$sr_{it}=0.25\times\ln\left(1+\frac{R_{it}}{100}\right)$$

4. 实际证券价格指数

用来反映一个国家的资产价格水平，在模型中用EQ来表示。使用IFS数据库中的金融市场证券价格指数的季度数据，其名称是“Financial Market Prices, Equities, Index”，代码为“FPE_ IX”。其中欧元区、新西兰和挪威的数据缺失。新西兰和挪威并不是要分析的重点国家，因此这两个国家的数据缺失并没有重大的影响；但是欧元区是本书分析的重点，需要将这项数据补齐。为此，参考Dees（2007a）中的做法，以奥地利、比利时、芬兰、法国、德国、意大利、荷兰和西班牙这八个国家的加权汇总数据作为欧元区的数据。在 IFS 数据库中有这八个国家的季度证券价格指数数据。随后以世界银行 WDI (World Development Indicator) 数据库中 2007~2009 年通过购买力平价折算的 GDP 序列 (PPP-GDP) 取平均作为对欧元区八个国家数据汇总的权重比例，从而得到欧元区的证券价格指数。

5. 出口和进口的季度数据

用来反映一个国家的进出口状况，在模型中分别用 EXP 和 IMP 来表示。在 IMF 数据库中可以获得 33 个国家和地区中大部分的进出口季度数据，出口数据的名称是 "National Accounts, External Sector, Exports of Goods and Services, Nominal, Domestic Currency"，编码是 "NX_ XDC"；进口数据的名称是 "National Accounts, External Sector, Imports of Goods and Services, Nominal, Domestic Currency"，编码是 "NM_ XDC"。其中，南非、俄罗斯、秘鲁等国的进出口数据部分缺失，通过去各个国家的政府网站查询尽量补足。实在难以补足的数据，参照 Dees (2007a)，若是非关键性国家，则标记为数据缺失，并不影响模型最终的结果。该数据是以本国货币计价的名义数据，需要除以 CPI 调整为实际汇率，进行 X12 季度调整，最后通过各国货币同美元的汇率换算为美元计价，最终得到以美元计价的实际进出口数据。

6. 净国际投资头寸

为了衡量储备货币汇率波动的估值效应，需要用各个国家的净国际投资头寸数据来反映汇率波动对一国资产与负债综合性的影响。IMF 数据库中有各个国家净国际投资头寸的数据。该数据的名称是 "Net international investment position"。在模型中，以 RES 来表示。

7. 实际汇率

是本章分析的重点数据，在 IFS 数据库中可以找到各个国家相对美元的汇率季度数据。该汇率数据使用季度中三个月份的平均数据作为季度汇率，并且使用直接标价法计价。因此在该汇率数据中，每个季度美元的汇率数据都是 1。在 IFS 数据库中，汇率这一数据的名称是 "Exchange Rates, Domestic Currency Per US Dollar, Period Average, Rate"，代码为 "ENDA_ XDC_ USD_ RATE"。这些数据均为名义汇率的数据，所以要除以 CPI 调整为实际汇率。随后再进行 X12 季度调整，消除季节因素。需要注意的是，因为美元的汇率数据始终是 1，在模型中是没有意义的。所以不会把美国汇率数据放入模型中，而是记为缺失。在模型中，汇率以 E 来表示。

8. 石油价格、农产品价格和金属价格

参考 Dees（2007a），以国际原油价格、农产品价格和金属价格作为全球变量来反映全球宏观经济状况。用布伦特原油（Brent Crude Oil）的交易价格来代表石油价格。该数据可以在 Bloomberg 数据库中查询每日的收市数据，随后以季度中每日原油的收市价格平均数作为季度原油价格，在模型用以 POIL 来表示。农产品价格和金属价格的季度数据在 IMF 的 PCP（Primary Commodity Prices）中可以获得，在模型中记为 PMAT 和 PMETAL。这三个数据都要进行 X12 季度调整来消除季度因素。

9. 美元基础货币供给量 M0

参考 Lei 和 Liu（2015），在模型中加入美国基础货币供给量 M0 作为一个全球指标。Lei 和 Liu（2015）认为，美元作为全球重要商品的计价和结算货币，在全球经济中具有重要的影响，可以作为 GVAR 模型中的全球变量来使用。同时文中还指出，之所以使用美元基础货币 M0 而不使用 M1 或者 M2，是因为两个原因。第一，根据美国财政部的报告《2000 年美元在海外的使用和伪造》，2000 年 50% ~70% 的美元通货在海外流通。该报告估计，在美元基础货币扩张时，很大一部分增发的货币流向国际市场。相较于基础货币 M0，美元 M1 或者 M2 的主要组成部分大部分存在于国内，只对国内的市场有重要影响。另一方面，在模型中有利率这一变量存在，可以反映美国国内的货币供求状况，而不需要再通过国内货币供给来反映美国国内的货币市场。因此，选择美元的 M0 作为全球变量是合适的。在美联储圣路易斯分行网站上可以获取阶级调整后的美元基础货币月度数据（St. Louis Adjusted Monetary Base，AMBSL），以每季月度数据的平均数作为季度数据。在模型中记为 M。

在将数据导入模型前，还要进行对数处理，将对数化后的数据作为最后导入模型中的数据：

$y_{it} = \ln(RGDP_{it})$，$p_{it} = \ln(CPI_{it})$，$eq_{it} = \ln(EQ_{it})$，

$exp_{it} = \ln(EXP_{it})$，$imp_{it} = \ln(IMP_{it})$，

$res_{it} = \ln(RES_{it})$，$ep_{it} = \ln(E_{it})$，

$poil_t = \ln(POIL_{it})$, $pmat_t = \ln(PMAT_{it})$,
$pmetal_t = \ln(PMETAL_t)$, $m_t = \ln(M_t)$

4.2.3 GVAR 模型其他方面的设定

由于国家地位的不同和数据可得性的不同，在构建各个国家的 VARX* 模型时所选择的国内和国外变量并不都是一致的。首先，美国和其他国家是不同的。这是因为美国在全球经济中具有重要地位，在模型中作为主导国家，全球变量石油价格 POIL、农产品价格和金融价格以美元计价，且与美国经济密切相关，因此并不会计入美国 VARX* 的全球变量中，而是计入美国的国内变量。同时，美国的基础货币数量 M0 作为其他国家的全球变量的同时也作为美国的国内变量。其次，由于数据可得性问题，有些国家的某些数据是缺失的，在构建该国模型时这些缺失的数据自然不会计入国内变量。最后，受到计算 VAR 模型的程序限制，每个国家的国外变量和全球变量个数不能超过 9 个，同时考虑到国外变量与国内变量之间的关联性，对于美国以外的国家或地区来说，仅将 GDP*，CPI*，SR*，E* 和 EQ* 五个变量列为国外变量。总体上讲，在数据可获取的情况下，GVAR 模型中各个国家的变量选择归纳如表 4－2 所示：

表 4－2　　国别 VARX* 模型设定

国家或地区	国内变量	国外变量	全球变量
美国	GDP，CPI，EQ，SR，EXP，IMP，RES，POIL，M，PMAT，PMETAL	GDP*，CPI*，SR*，EQ*，E*	无
其他国家或地区	GDP，CPI，SR，EQ，E，IMP，EXP，RES	GDP*，CPI*，EQ*，SR*，E*	POIL，PMAT，PMETAL，M

在对国别 VARX* 模型的国内变量和国外变量进行定义后，GVAR 模型中还需要对构建国外变量所需要的权重矩阵进行设定。由于本章主要研究汇率波动效应，因此在构建国外变量时需要更多地考虑不同国家之间的联系。为此，参照 Dees（2007a）的方法，以国家之间的贸易重要程度作为权重。国家 j 占国家 i 的贸易权重 w_{ij} 定义为：

$$w_{ij} = \frac{EXP_{ij} + IMP_{ij}}{\sum_{j=0}^{N}(EXP_{ij} + IMP_{ij})}$$

其中，EXP_{ij} 表示国家 i 对国家 j 的出口值，$EXP_{ii}=0$；IMP_{ij} 表示国家 i 对

国家 j 的进口值，$IMP_{ii}=0$。本章模型中 26 个国家或地区间的进出口数据可以从 IMF 的 DTS（Direction of Trade Statistics）数据库中获得。在计算国外变量的权重矩阵时，一般有两种算法：固定权重矩阵和时变权重矩阵。前者是指利用某些固定年份的贸易数据计算权重矩阵，并将该权重矩阵应用在所有年份中；后者是指权重矩阵是根据年份的不同而不断变化的，一般情况是下采用包括所在年份和前后两年的贸易数据计算当年的权重矩阵，即采用移动平均的贸易数据来计算权重矩阵。在下文中，首先以 2002～2007 年的贸易数据来构建固定权重矩阵，并以该固定权重矩阵来进行分析。对贸易权重矩阵时间区间选取的原因，主要考虑到两个方面：第一，2001 年中国加入世界贸易组织（WTO）后，贸易数据较往年有明显的变动；第二，2008 年金融危机后，各国的贸易数据也出现了大幅度的波动。因此，选取 2002～2007 年贸易数据较为平稳的六年作为权重矩阵的时间区间。在每部分的分析中，使用时变贸易矩阵进行稳健性检验。

VARX* 模型中国家 i 的贸易权重矩阵代表了该国家和其他各个国家联系的紧密程度，也就是其他国家对国家 i 影响程度的大小。由该贸易权重矩阵可以推测出不同国家对国家 i 的影响程度。以中国为例，图 4－5 是中国与主要国家或地区在 2002～2009 年的平均贸易权重。

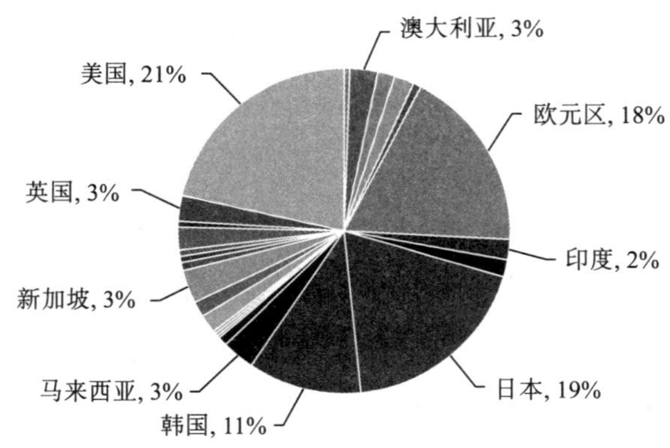

图 4－5　中国与主要国家或地区 2002～2009 年平均贸易权重

由图 4－4 可知，美国、日本和欧元区国家对中国的贸易权重比例较高，分别为 21%、20%、19% 左右；其次是韩国，约为 11%。其他的国家与中国的贸易权重均不足 4%。该分析是基于贸易数据的定性分析，能够反映中国与各国的贸易依存度，也能在一定程度上反映各国货币的汇率波动对中国经济的影响程度。

最后需要说明，为了考察一国货币相对于美元以外的货币汇率波动对该国经济的影响，需要对模型中的汇率数据进行调整。以中国为例，模型中的汇率数据是人民币对美元的直接标价汇率，因此模型中汇率冲击反映的是人民币对美元汇率冲击对中国经济的影响。要考察人民币对欧元汇率冲击的影响，需要将所有的汇率数据按照当期汇率转换为相对于欧元的直接标价汇率，然后进行处理放入模型中。如此一来，汇率冲击反映的是人民币相对欧元汇率冲击对中国经济的影响。尽管模型中其他指数都是以美元计价，但转换汇率的计价货币并不影响各国货币之间的相互关系，且进入模型的数据是经过处理后高度指数化的数据，因此对模型的结果没有影响。

在对模型中的参数、数据和权重矩阵进行了设定后，随后利用 Smith 和 Galesi（2014）基于 MATLAB 开发的 GVAR 工具包 2.0 对模型进行运算求解。下面将对运算结果的可靠性进行分析。

4.3 对模型的检验

在列出本章 GVAR 模型的计算结果前，首先要检查前面所建立的 GVAT 模型结果是否是有效的，模型是否是稳健的。首先，由于在模型建立过程中假设所有的时间序列都是一阶单整的，即 I（1）过程。因此首先要对处理后的数据是否是 I（1）过程进行检验，即单位根检验。单位根检验的范围包括经济体的国内变量X_{it}、国外变量X_{it}^*和全球变量。随后要进行弱外生性检验，因为在模型中假设每个经济体的所有外生变量以及全球变量都是弱外生变量。下面将对模型中重点经济体的检测结果进行说明和分析。

4.3.1 单位根检验

对所有 26 个经济体的国内变量、国外变量和全球变量的单位根检验显示，所有的时间序列都是一阶单整的。下面将中国国内变量和国外变量、全球变量的单位根检验结果列出。单位根检验结果中包含带趋势项与不带趋势项两种检验。只要其中一种通过检验，那么就可以认为该变量是 I（1）过程。具体如表 4－3 和表 4－4 所示。

表 4－3　　中国国内变量和国外变量的单位根检验结果

检验	ADF	WS	ADF	WS	ADF	WS	ADF	WS
临界值	－3.45	－3.24	－2.89	－2.55	－2.89	－2.55	－2.89	－2.55
变量	y（1）	y（1）	y（2）	y（2）	Dy	Dy	DDy	DDy
统计量	－2.22	－2.29	0.44	0.27	－3.62	－3.79	－11.67	－11.74
变量	Dp（1）	Dp（1）	Dp（2）	Dp（2）	DDp	DDp	DDDp	DDDp
统计量	－3.13	－3.16	－2.16	－2.06	－7.19	－7.4	－9.21	－9.45
变量	eq（1）	eq（1）	eq（2）	eq（2）	Deq	Deq	DDeq	DDeq
统计量	－2.81	－2.76	－1.23	－1.61	－4.59	－5.87	－9.27	－10.02
变量	e（1）	e（1）	e（1）	e（1）	De	De	DDe	DDe
统计量	－1.7	－0.92	－0.75	－0.74	－7.25	－7.37	－11.14	－11.35
变量	r（1）	r（1）	r（1）	r（1）	Dr	Dr	DDr	DDr
统计量	－1.89	－1.72	－1.2	－1.59	－6.26	－6.41	－8.08	－8.31
变量	y*（1）	y*（1）	y*（2）	y*（2）	Dy*	Dy*	DDy*	DDy*
统计量	－1.77	－1.13	－0.64	0.03	－5.38	－5.5	－7.91	－8.11
变量	Dp*（1）	Dp*（1）	Dp*（2）	Dp*（2）	DDp*	DDp*	DDDp*	DDDp*
统计量	－3.22	－3.01	－2.28	－2.09	－8.02	－8.11	－9.75	－9.59
变量	eq*（1）	eq*（1）	eq*（2）	eq*（2）	Deq*	Deq*	DDeq*	DDeq*
统计量	－2.36	－2.54	－1.6	－0.67	－7.35	－7.49	－8.74	－8.95
变量	e*（1）	e*（1）	e*（1）	e*（1）	De*	De*	DDe*	DDe*
统计量	－1.97	－2.2	－0.75	0.42	－7.36	－7.44	－8.77	－9.06
变量	sr*（1）	sr*（1）	sr*（1）	sr*（1）	Dsr*	Dsr*	DDsr*	DDsr*
统计量	－2.86	－2.37	－1.26	－1.6	－11.01	－11.16	－11.41	－11.66

注：表格中变量中所附带的“（1）”和“（2）”分别指“带趋势项”和“不带趋势项”；“D”代表一阶差分；“*”代表国外变量；“临界值”是指5%显著水平时的临界值。

表 4-4　　全球变量的单位根检验结果

检验	ADF	WS	ADF	WS	ADF	WS	ADF	WS
临界值	-3.45	-3.24	-2.89	-2.55	-2.89	-2.55	-2.89	-2.55
变量	Poil (1)	Poil (1)	Poil (2)	Poil (2)	Dpoil	Dpoil	DDpoil	DDpoil
统计量	-1.53	-1.14	-0.19	-0.64	-6.77	-6.94	-9.56	-9.72
变量	pmat (1)	pmat (1)	pmat (2)	pmat (2)	Dpmat	Dpmat	DDpmat	DDpmat
统计量	-2.43	-2.68	-1.28	-0.97	-5.67	-5.86	-9.37	-9.6
变量	pmetal (1)	pmetal (1)	pmetal (2)	pmetal (2)	Dpmetal	Dpmetal	DDpmetal	DDpmetal
统计量	-2.27	-2.18	-0.95	-1.24	-5.16	-5.34	-8.6	-8.81
变量	m (1)	m (1)	m (2)	m (2)	Dm	Dm	DDm	DDm
统计量	-1.12	-2.45	-0.74	-0.12	-8.41	-7.87	-9.46	-4.84

注：表格中变量中所附带的“(1)”和“(2)”分别指“带趋势项”和“不带趋势项”；“D”代表一阶差分；“*”代表国外变量；“临界值”是指5%显著水平时的临界值。

表 4-3 和表 4-4 中均包含 ADF (Augmented Dickey - Fuller，即增广迪基-富勒) 检验和 WS (Weighted Symmetic，即加权对称) 检验。通过检验结果可以看出，中国的国内变量和模型所构建的国外变量以及三个全球变量都是 I (1) 过程。其他经济体的国内变量和国外变量的单位根检验结果也表明，这些变量都是 I (1) 过程。限于篇幅，不在此一一列出。

4.3.2　弱外生性检验

模型中每个经济体国外变量和全球变量的弱外生性是 GVAR 模型中的一个重要假设，因此有必要对估计出来的 VARX* 模型的弱外生性进行检验。参照 Dees (2007a)、Lei 和 Liu (2015)，使用由 Johansen (1992) 以及 Harbo 等 (1998) 提供的方法进行弱外生性检验。对于X_{it}^*中的第 l 个元素，估算下列计量方程式：

$$\Delta X_{it,l}^* = \mu_{il} + \sum_{j=1}^{r_i} \gamma_{ij,l} ECM_{i,t-1}^j + \sum_{k=1}^{s_i} \varphi_{ik,l} \Delta x_{i,t-k} + \sum_{m=1}^{n_i} \tau_{im,l} \Delta \tilde{x}_{i,t-m}^* + \varepsilon_{it,l}$$

其中，$ECM_{i,t-1}^j$，$j=1, 2, \cdots, r_i$是第 i 个国家第r_i个协整关系所对应的误差修正项；$\Delta \tilde{x}_{i,t-m}^* = (\Delta X_{it}^{*\prime}, \Delta ep_{it}^*, \Delta poil_t, \Delta pmat_t, \Delta pmetal_t, \Delta m_t)'$。对于美国模型来说，$\Delta ep_{it}^*$这一项包含在了$\Delta X_{it}^*$中。对本章 VARX* 模型的弱外生性检验就是对联合假设$\gamma_{ij,l}=0$，$j=1, 2, \cdots, r_i$的 F 检验。表 4-5 中列出

了模型中主要经济体的 VARX* 模型的弱外生性检验结果。

表 4-5 模型中主要经济体的弱外生性假设检验结果

经济体	F 统计量临界值		外国变量					全球变量			
			y*	Dp*	eq*	ep*	r*	poil	pmat	pmetal	m
中国	F (2, 117)	3.07	0.13	0.35	0.14	0.47	2.02	1.34	1.41	2.37	2.85
欧元区	F (2, 115)	3.08	0.34	0.91	0.46	0.75	1.26	1.97	2.16	3.01	2.14
日本	F (2, 115)	3.08	1.23	2.14	0.35	0.42	0.86	0.52	1.43	2.92	0.96
韩国	F (4, 113)	2.45	1.34	3.12	0.12	1.46	1.24	0.45	1.67	2.17	2.25
新加坡	F (2, 116)	3.07	2.42	1.02	0.46	0.36	0.81	2.73	1.34	2.46	2.98
泰国	F (3, 115)	2.68	0.42	2.34	0.65	0.84	0.38	2.98	0.46	5.34	1.73
英国	F (3, 114)	2.68	1.24	0.75	0.91	0.85	0.49	1.42	3.01	2.53	0.52
美国	F (2, 119)	3.07	0.19	0.24	0.35	0.84	1.74				

注：F 统计量的临界值时在 5% 显著水平下的临界值，灰色背景的数字表示在 5% 显著水平下显著。

从弱外生性假设检验的结果来看，从总体上说，整个 VARX* 系统的弱外生性假设是成立的。检验结果中主要国家的大部分外国变量和全球变量是不显著的，即通过了弱外生性假设检验；只有韩国的外国通货膨胀率变量、泰国的全球金属价格变量和英国的全球农产品价格变量是显著的，即没有通过弱外生性假设检验。由于绝大部分的外国变量和全球变量是弱外生性的，可以认为本章所构建的 GVAR 模型的结果符合弱外生性的假设，统计结果是有意义的。

4.3.3 持续性剖面图

持续性剖面图（Persistence Profiles，PP 图）用来检测系统范围的冲击对模型中经济体之间动态经济关系的影响，这些长期动态经济关系由 VARX* 模型中的协整关系中得到反映。这些协整关系反映了长期中国家之间经济变量相互影响的稳定关系，因此可以从 PP 剖面图中看出所构建的 VARX* 模型是否是稳定的，能否反映出国家之间的相互关系。根据 Dees 等（2007b），各个国家 PP 曲线的起始值均为 1。如果模型中确实存在协整关系，那么这些 PP 曲线应当收敛到 0。从图 4-6 中可以看出，模型中主要经济体的 PP 曲线都迅速地收敛到了 0。因此，所构建的 GVAR 模型是稳定的，能够反映国家之间长期稳定的经济关系。

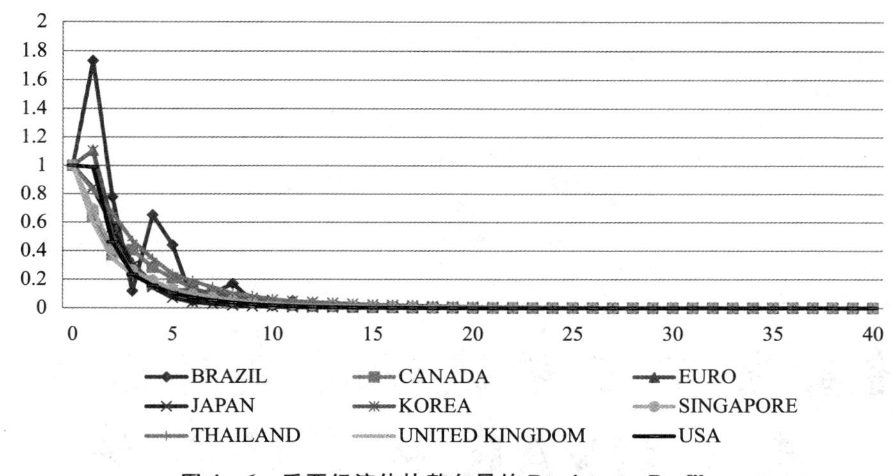

图 4－6　重要经济体协整向量的 Persistence Profiles

在对模型数据、结果质量进行了分析后，认为本章所构建 GVAR 模型的结果是符合假设要求、有意义且稳定的。

4.4　本章小结

本章介绍了 GVAR 模型的特点、模型构建过程、模型中数据的选择和对模型结果的分析。GVAR 模型包含多个经济体的多个经济变量，且在计算过程中能够充分反映国家之间相互的关联和影响，因此特别适合用来对储备货币的汇率波动效应进行分析。随后，对模型的构建过程进行了简要的介绍，并详细地介绍了本书构建的 GVAR 模型中所包含的变量、数据来源、时间区间以及各变量的处理方法、贸易权重矩阵的构建等。最后，为了分析模型的稳健性和可靠性，对模型中数据的质量、模型结果的稳定性进行了分析。分析结果表明，本章所构建的 GVAR 模型是稳定的，模型的结果是有意义的，能够比较准确地反映模型内各经济体的相互关联和影响。接下来将结合第 3 章中对储备货币汇率波动效应的分类和理论分析，分别对储备货币的五种汇率波动效应进行实证检验，并对实证结果进行分析。

储备货币汇率波动的实体效应：基于GVAR模型的分析

本章将利用第4章所构建的GVAR模型的结果，对储备货币汇率波动的实体效应进行分析，深入讨论储备货币对各经济体的贸易和产出所带来的影响。因为GVAR模型所产生的数据量较大，因此在后文的分析中，考虑到篇幅的因素，主要以中国为例对储备货币汇率波动效应进行考察，并在需要时以韩国为例进行对比分析。

在模型运算求解后，分别生成了各个国家的货币相对于其他国家货币的汇率受到贬值冲击时，各经济变量的脉冲响应图。本章和第6章将以这些脉冲响应图为基础，对储备货币汇率波动的实体效应和金融效应进行分析。

5.1　储备货币汇率波动贸易效应的实证检验与分析

本节讨论储备货币汇率波动的贸易效应。首先根据实证结果对贸易效应的显著性和差异性进行分析，即储备货币的汇率波动是否能够显著影响一国的对外贸易，不同的储备货币汇率波动的贸易效应有何区别，以及储备货币的贸易效应和非储备货币的贸易效应是否有显著的区别。随后讨论贸易效应的非对称性，即储备货币汇率波动对储备货币国和非储备货币国贸易效应的差别。

5.1.1 储备货币汇率波动的贸易效应：实证结果与对比分析

1. 实证结果与分析

首先对储备货币汇率波动贸易效应的显著性和差异性进行分析。在模型的动态结果中有各个国家的汇率冲击对贸易造成影响的脉冲响应图。图 5 - 1 是中国的进出口在人民币分别相对于美元和欧元受到贬值冲击时的变动状况。

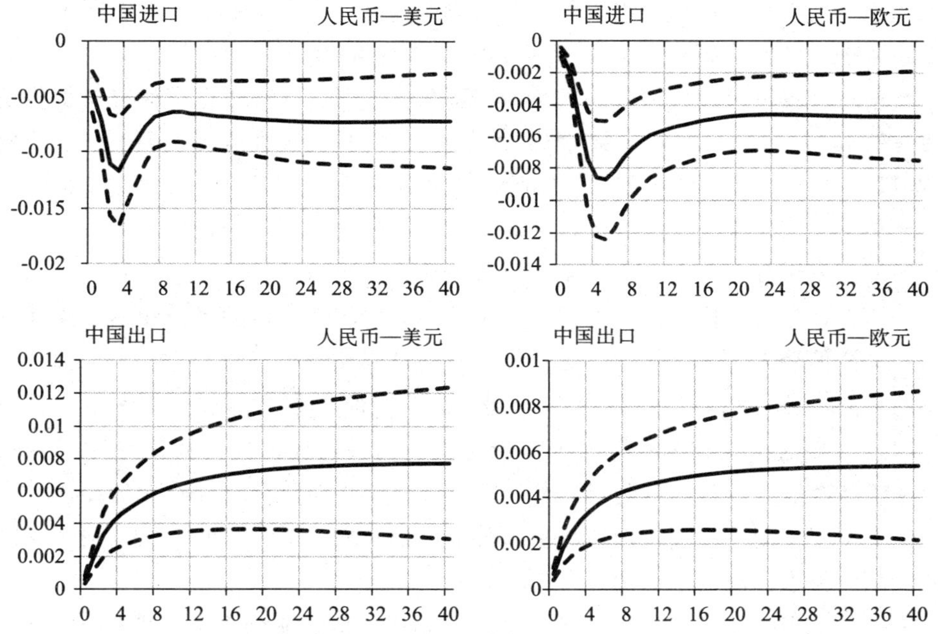

图 5 - 1 人民币对美元、欧元汇率受到贬值冲击时中国进出口额的变动

从中国进出口在人民币对美元和欧元汇率受到贬值冲击时的变动状况来看，可以得出以下两点结论：

第一，人民币对美元和欧元汇率的冲击对中国的贸易状况具有显著长期影响。从图中可以看出，当人民币相对美元的汇率受到 1 单位的贬值冲击时，长期内中国的进口量将下降约 0. 69%，出口量将上升约 0. 79%；当人民币相对欧元的汇率受到 1 单位的贬值冲击时，长期内中国的进口量下降约 0. 49%，出口量将上升约 0. 54%。该实证结果与一般的贸易理论分析结论是一致的：本币贬值将促进出口，抑制进口。

第二，美元和欧元的汇率冲击对中国进出口额的影响存在差异。从总体上看，美元汇率冲击的贸易效应更加显著。首先，人民币对美元贬值的冲击给中国的进口和出口带来的影响均大于人民币对欧元贬值冲击带来的影响。其次，美元汇率冲击对中国经常账户余额的影响大于欧元汇率冲击：相比于欧元来说，美元的汇率冲击更多地抑制了中国的进口，促进了中国的出口，最终更多地增加了中国的贸易顺差。

人民币对美元和欧元的汇率贬值能显著改善中国贸易状况的原因主要有以下两点：

第一，人民币汇率的出口价格传递效应较高。有大量的文献对中国汇率传递问题进行了实证研究。王雅琦等（2015）使用2000～2006年海关总署的企业数据对人民币汇率传递效应进行的实证分析表明，人民币汇率对出口价格的传递效应为93%～94%，接近完全传递。另外，向训勇等（2016）、王哲（2017）的实证结果也支持这一结论。人民币汇率相对于美元和欧元贬值时，由于传递效应较高，会带来出口产品价格较大幅度的下降。这使得中国的产品在国外市场更具竞争力，从而较为显著地促进了出口。

第二，尽管人民币汇率的进口价格传递效应较弱，但人民币相对于美元和欧元的贬值冲击还是能够在一定程度上抑制中国的进口需求。曹伟等（2013）研究表明，人民币汇率对进口价格具有较低的传递效应。另外，王哲（2017）、施建淮（2008）等研究结论也支持这一结论。但人民币汇率对进口价格仍然存在一定程度的传递效应，因此人民币相对于美元和欧元的贬值冲击能够在一定程度上提高国内市场上国外商品的价格，从而抑制本国消费者对国外商品的需求，降低中国的进口总额。

另外值得一提的是，本书所构建的GVAR模型实证结论对上述两个方面也有一定的支持。从图5－1中不难发现，人民币对美元和欧元汇率的贬值冲击，给中国的出口带来的影响均高于对中国的进口带来的影响。这表明，人民币汇率对出口价格的传递效应要高于对进口价格的传递效应。这也在一定程度上表明，本书所构建的GVAR模型是稳健且有效的。

造成美元和欧元汇率波动的贸易效应差别主要有两个方面的原因：

第一，美国和欧元区国家同中国的贸易额具有差异。人民币相对美元的汇率冲击直接影响中国和美国之间的贸易，同样的，人民币相对欧元的冲击直接影响中国和欧元区之间的贸易。图5－2显示了2002～2016年中国和美国、欧元区国家的贸易额。可以看出，除了2011年外，中国同美国的贸易额都高于中国同欧元区国家的贸易额。中国同美国贸易额和中国同欧元区国家贸易额的差额在2008年金融危机后变小甚至反转，但在2012年后又迅速扩大。因此，中国同美国贸易额的波动给中国的对外贸易所带来的影响更大。

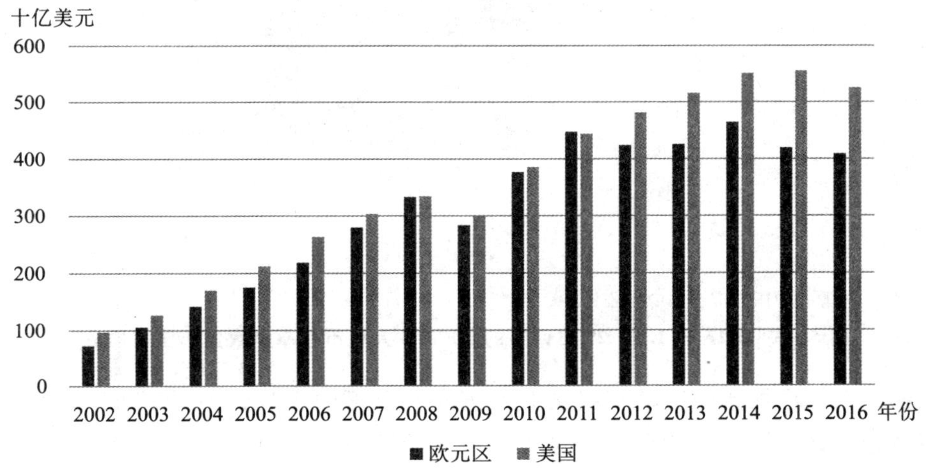

资料来源：IMF数据库。

图5-2 2002~2016年中国同美国和欧元区贸易额

第二，人民币兑美元汇率的冲击给中国的实际有效汇率冲击带来的影响更大。一方面，世界各国货币以美元为货币锚的种类比以欧元为货币锚的种类多。根据IMF的报告《Annual Report on Exchange Arrangements and Exchange Restrictions 2016》，在2016年共有39个国家或地区的货币以美元为货币锚，有25个国家或地区以欧元为货币锚。当人民币相对于美元的汇率发生波动时，相应的，人民币相对于39个以美元为货币锚的货币汇率也会发生变动，从而对中国同这39国家或地区之间的贸易额造成了影响。而人民币相对欧元汇率发生波动只会对中国同25个国家或地区之间的贸易额有比较直接的影响。同时，39个以美元为货币锚的国家或地区包括了中国香港、沙特阿拉伯等经济较为发达、同中国贸易往来较为密切的国家或地区，而25个以欧元为货币锚的国家或地区则几乎没有同中国贸易额较大的经济体。另一方面，人民币对美元的汇率是人民币汇率管理的重要参考。人民币汇率是参考一篮子货币有管理的浮动汇率制度，作为管理人民币汇率重要参考的CFETS篮子，其货币构成如图5-3所示。

从图5-3中可以看出，美元依然是权重最高的货币，为22%；后面依次是欧元，16%；日元，12%；韩元，11%等。美元的权重高于欧元。因此当人民币相对美元的汇率受到冲击时，更容易引起人民币指数的变动。有文献研究

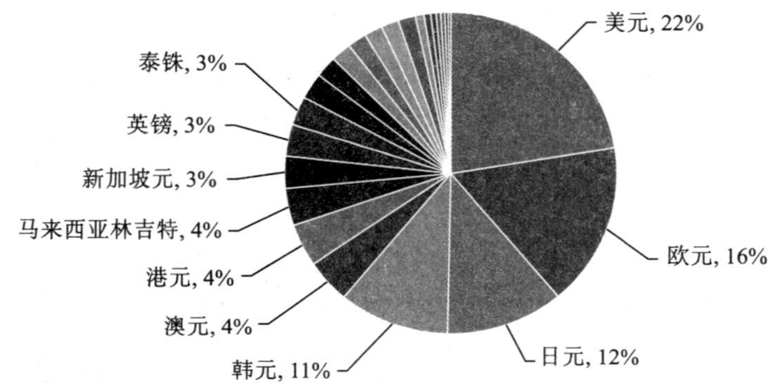

资料来源：中国外汇交易中心公告。①

图 5－3 2016 年 12 月 29 日调整的 CFETS 人民币汇率指数货币篮子构成

表明，人民币指数的变动对我国对外贸易有显著的影响，如潘家栋（2017）、赵迎迎（2016）等。因此，人民币对美元的汇率冲击对中国的贸易效应要高于欧元。

接下来考察储备货币和非储备货币汇率波动贸易效应的差异。图 5－4 是人民币相对于韩元汇率受到贬值冲击时，中国进出口额的脉冲响应图。

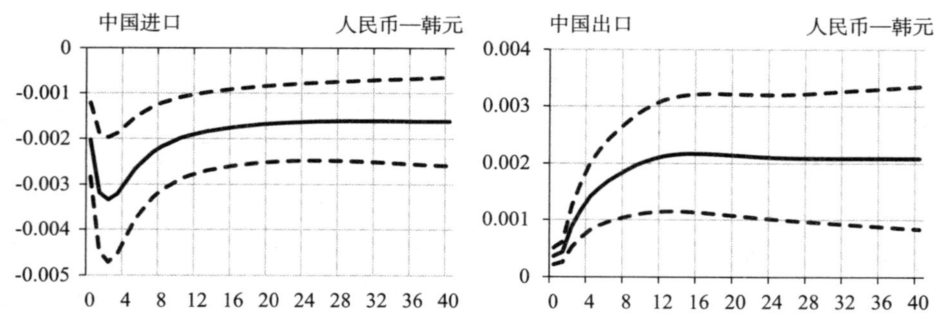

图 5－4 人民币对韩元的汇率受到贬值冲击时中国进出口额的变动

从图 5－4 中可以看出，人民币对韩元的汇率受到 1 单位的贬值冲击时，在长期中中国的进口额下降约 0.16%，出口额上升约 0.21%。无论是从进口额还是出口额来看，韩元汇率波动对中国的贸易效应均显著低于美元和欧元。主要原因有两点：

第一，中国同韩国贸易额低于中国同美国、中国同欧元区国家贸易额。当

① http://www.chinamoney.com.cn/fe/Info/35155673，图中略去了占比较小的货币的数据。

中韩两国的贸易额因人民币相对韩元汇率受到冲击而波动时，其对中国对外贸易额的影响要小于美元和欧元汇率冲击带来的影响。图 5－5 是 2002～2016 年中国同 GVAR 模型中其他 32 各国家的平均贸易额占比。从图中可以看出，在 2002～2016 年这 15 年期间，韩国同中国的平均贸易额占比约为 11%①，低于中国同美国的平均贸易额占比 20%，以及中国同欧元区国家的平均贸易额占比，18%。

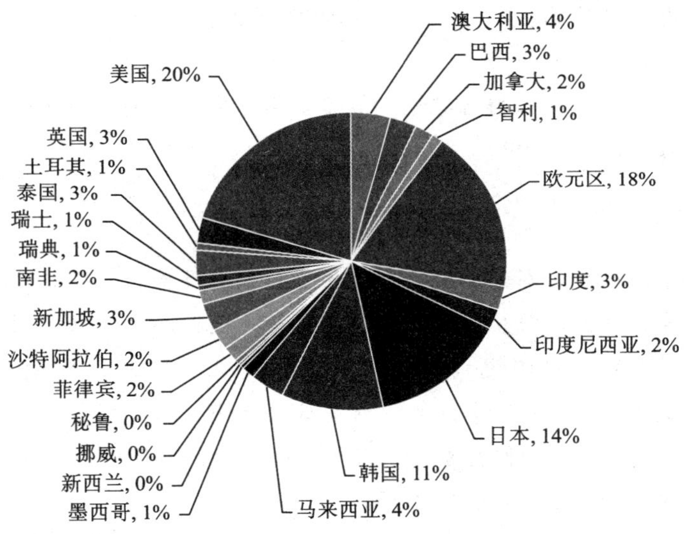

资料来源：IMF 数据库。

图 5－5　2002～2016 年中国同 32 个国家或地区的贸易额占比

第二，人民币对韩元汇率的波动对人民币实际有效汇率带来的影响小于美元和欧元。首先，韩元在 CFETS 人民币汇率指数篮子中的占比为 11%，低于美元和欧元的占比。人民币相对于韩元汇率的波动给人民币指数带来的影响必然小于美元和欧元。其次，韩元作为非储备货币，没有其他国家的货币以韩元为货币锚。人民币对韩元的汇率波动给人民币对其他货币的汇率带来的影响十分微弱。因此，当人民币对韩元汇率发生变动时，几乎不会对中国同韩国以外的其他国家的贸易额产生影响。最后，人民币是参照一篮子货币有管理的浮动汇率制度，同时美元和欧元汇率的波动更容易使人民币的汇率指数波动幅度达到中国货币当局所允许的边界。此时，货币当局就会对人民币的汇率进行管

① 韩国是非储备货币国中同中国贸易额最大的国家，这是选择韩国进行对比分析的一个重要原因。

控，进而引起人民币对各国货币汇率的波动。韩元相对于美元和欧元来说，更加难以通过这个途径影响人民币的实际有效汇率。

以上两点对于其他非储备货币也同样适用。除了韩国以外，其他的非储备货币国家同中国的平均贸易额占比也都小于美国和欧元区国家。因此，从贸易额的角度来看，非储备货币汇率波动的贸易效益小于储备货币。同样的，其他国家的货币汇率波动对人民币实际有效汇率的变动影响更加微弱——除了韩元外，其他的非储备货币在 CFETS 人民币汇率指数篮子中的占比均小于 5%，更多的非储备货币不在 CFETS 中。

根据以上的分析可以得出结论，储备货币汇率波动的贸易效应要大于非储备货币汇率波动的贸易效应。

2. 稳健性检验

在本小节的最后，对前面的实证结果进行稳健性检验。稳健性检验包括两个部分：首先，前面的分析都是以中国为例进行的，结论对其他国家是否同样适用？其次，在第 4 章中提到，模型中各个国家的 VARX* 模型是以 2002 ~ 2007 年的固定贸易矩阵来计算的。将固定贸易矩阵替换为时变贸易矩阵对 GVAR 模型的结果进行稳健性检验是最为常见的手段。因此在稳健性检验部分中也会列出时变贸易矩阵的计算结果。

图 5 - 6 是韩国的进出口额在韩元对美元和韩元对欧元的汇率受到贬值冲击时的脉冲响应图以及韩元对人民币汇率受到贬值冲击时的脉冲响应图。从图中可以得出类似的结论：

第一，韩元对美元和欧元汇率的冲击对韩国的贸易状况具有显著长期影响。从图中可以看出，当韩元相对美元的汇率受到 1 单位的贬值冲击时，长期内韩国的进口量将下降约 0.75%，出口量将上升约 0.8%；当韩元相对欧元的汇率受到 1 单位的贬值冲击时，长期内韩国的进口量下降约 0.54%，出口量将上升约 0.52%。

第二，美元和欧元的汇率冲击对韩国的进出口额的影响存在差异。从总体上来看，美元汇率冲击的贸易效应更加显著。首先，韩元对美元贬值的冲击给韩国的进口和出口带来的影响均大于韩元对欧元贬值冲击带来的影响。其次，美元汇率冲击对韩国经常账户余额的影响大于欧元汇率冲击：相比于欧元来说，美元的汇率冲击更多地抑制了韩国的进口，促进了韩国的出口，最终更多地增加了韩国的贸易顺差。

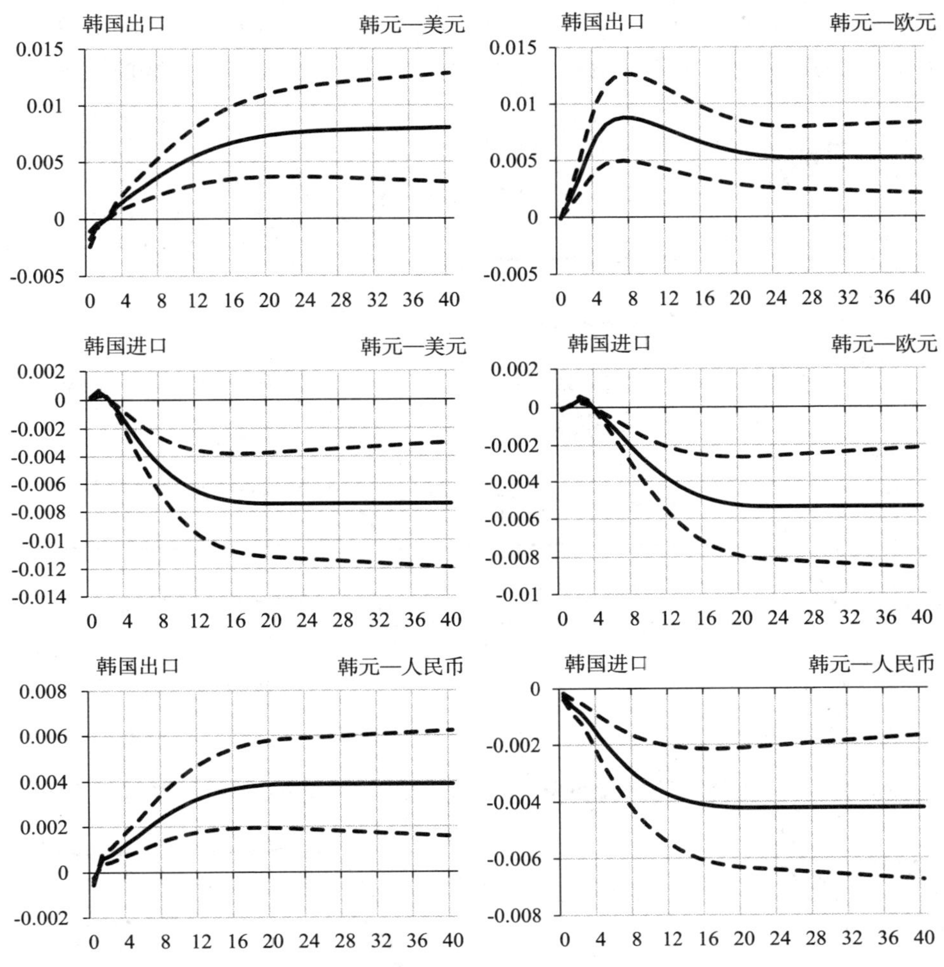

图 5－6　韩国进出口额在韩元分别对美元、欧元和人民币贬值时的变动

第三，韩元对人民币的汇率受到 1 单位的贬值冲击时，在长期中韩国的进口额下降约 0.42%，出口额上升约 0.39%。无论是从进口额还是出口额来看，人民币汇率波动对韩国的贸易效应均显著低于美元和欧元。

通过分析可知，前面得出的三点结论对于韩国也是同样成立的，可以认为这三点结论是国别稳健的。下面用时变贸易矩阵代替贸易矩阵计算每个国家的 VARX* 模型，以对结果的稳健性进行检验。结果如图 5－7 所示。从图 5－7 中可以看出，用时变贸易矩阵对 VARX* 模型进行计算对模型的结果没有显著的影响。前面得出的三点结论依然成立：人民币对美元和欧元汇率的贬值冲击在长期中对中国的进出口额有显著的影响；美元汇率冲击对中国进出口额的影响大于欧元汇率冲击对中国进出口额的影响；储备货币美元和欧元汇率冲击对中国进出口额的影响显著大于非储备货币韩元汇率冲击对中国进出口额的影响。

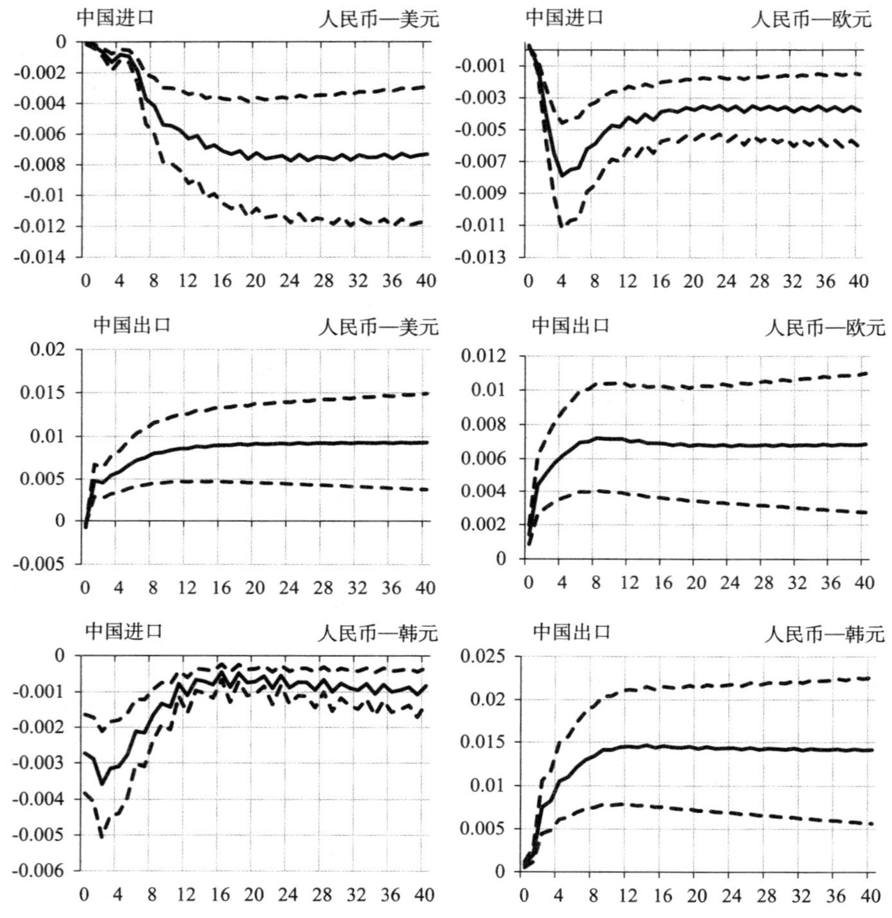

图5-7 时变贸易矩阵下人民币相对美元、欧元和韩元汇率冲击给中国贸易额带来的影响

综上所述，本小节所得出的结论无论是对于其他的非储备货币国，还是对于时变贸易矩阵的计算方法都是成立的，可以认为这些结论都是稳健的。

5.1.2 储备货币汇率波动贸易效应的非对称性

1. 实证结果与分析

本小节将对储备货币汇率波动贸易效应的非对称性进行分析。图5-8是人民币对美元和欧元汇率贬值时，美国和欧元区国家进出口的变动状况。

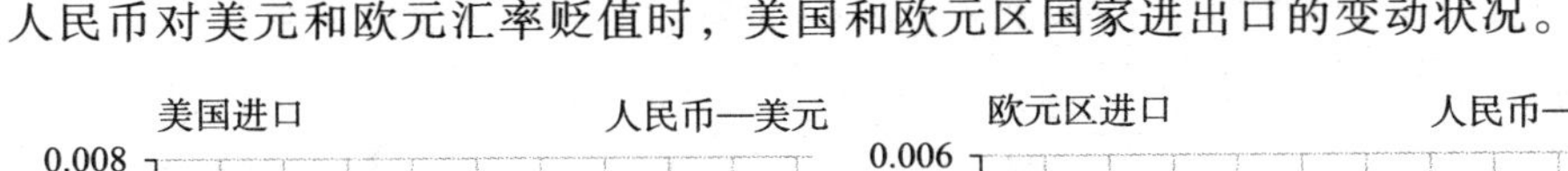

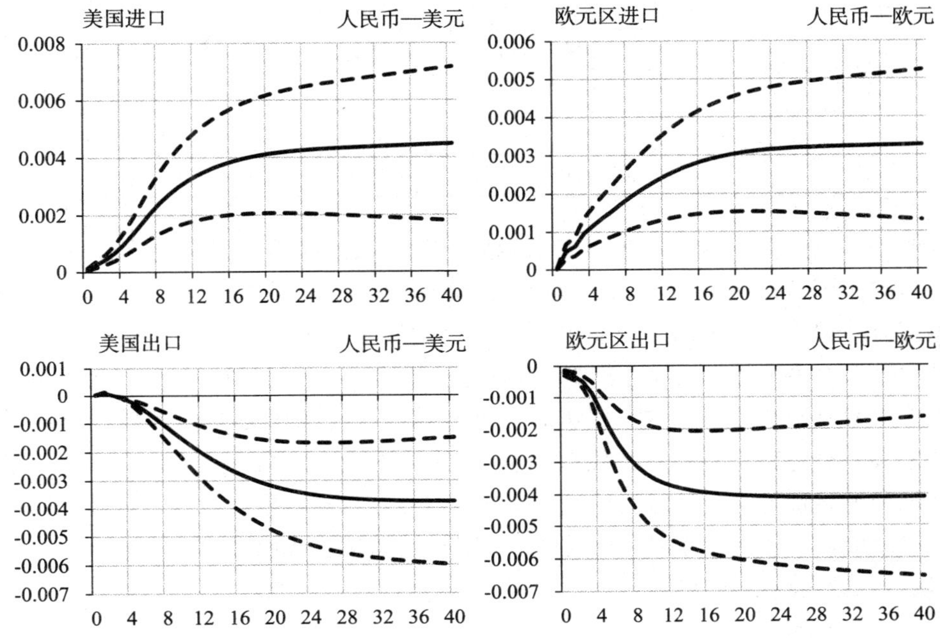

图 5－8 人民币对美元和欧元贬值时美国和欧元区国家进出口的变动趋势

对比图 5－8 和图 5－1，可以得出以下两点结论：

第一，人民币对美元和欧元汇率冲击对美国和欧元区国家的对外贸易额在长期有显著的影响。当人民币对美元的汇率受到一单位的贬值冲击时，美国的进口额会上升约 0.45%，出口额会下降约 0.33%；当人民币对欧元的汇率受到 1 单位贬值冲击时，欧元区国家的进口额上升约 0.33%，出口额下降约 0.41%。

第二，人民币对美元和欧元的汇率冲击给美国和欧元区国家进出口额带来的变动幅度小于给中国进出口额带来的变动幅度。相应的，汇率冲击对美国和欧元区国家对外贸易总额的影响也小于对中国贸易总额的影响（见表 5－1）。该结果表明储备货币汇率波动的贸易效应对储备货币国和非储备货币国具有非对称性：储备货币汇率波动对储备货币国进出口额的影响小于对非储备货币国进出口额的影响。

造成美元和欧元汇率波动贸易效应非对称性的原因主要有以下两点：

第一，美国和欧元区国家同中国的贸易额占美国和欧元区国家贸易总额的比值低于中国同美国和欧元区国家的贸易额占中国贸易总额的比值。图 5－9

表5－1　储备货币汇率波动贸易效应对中国和美国、欧元区国家的实证结果

冲击	国别	进口额	出口额
人民币对美元贬值	中国	下降0.69%	上升0.79%
	美国	上升0.45%	下降0.33%
人民币对欧元贬值	中国	下降0.49%	上升0.54%
	欧元区国家	上升0.33%	下降0.41%

和图5－10分别是2002～2016年美国同32个国家和地区的平均对外贸易额占比和欧元区国家同32个国家和地区的平均对外贸易额占比。其中，美国同中国的对外贸易额占美国对外贸易总额的比例约为16%，低于中国同美国的对外贸易额占中国对外贸易总额20%的比例（见图5－5）。同样的，欧元区国家同中国的对外贸易额占欧元区国家对外贸易额的比例约为13%，低于中国同欧元区的对外贸易额占中国对外贸易总额18%的比例（见图5－5）。因此，当汇率冲击导致中国同美国、欧元区国家之间的贸易额发生变动时，即使贸易额的变动值相同，其给美国、欧元区国家对外贸易额造成的影响也会小于其对中国对外贸易额造成的影响。

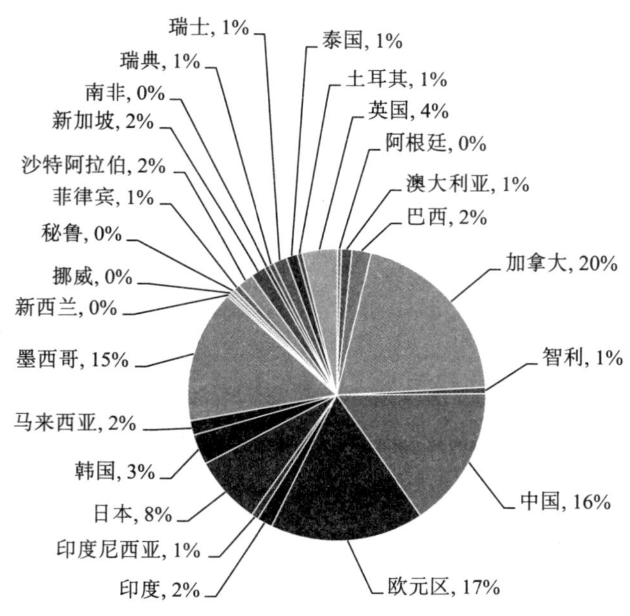

资料来源：IMF数据库。

图5－9　2002～2016年美国同32个国家和地区平均对外贸易额占比

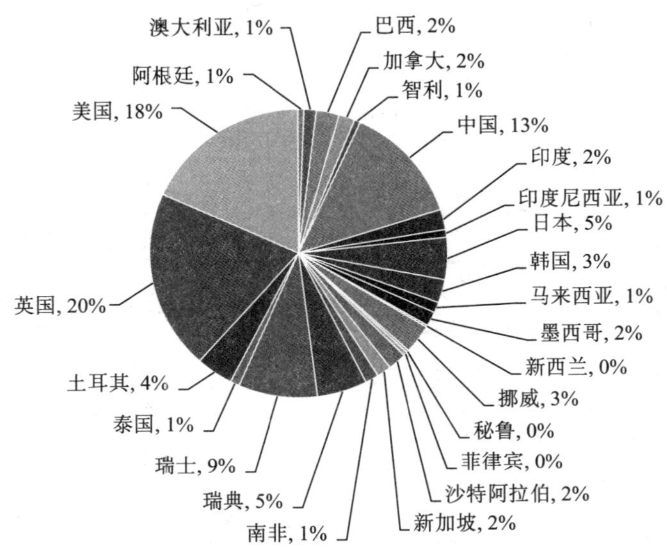

图 5－10　2002～2016 年欧元区国家同 32 个国家和地区平均对外贸易额占比

第二，美元、欧元的结算货币地位所带来的差异。在第 3 章的分析中曾指出，当前国际贸易中的主要结算货币是美元和欧元。人民币相对于美元和欧元汇率的波动对中国进出口价格水平的影响远远高于对美国和欧元区国家进出口物价水平的影响。人民币相对美元和欧元汇率波动对中国进出口价格水平的影响程度取决于美元和欧元在结算中的占比。国际市场上以美元计价的贸易额约为 41.27%，以欧元计价的贸易额约为 39.45%。虽然难以获得中国进出口贸易的主要结算货币种类和分布数据，但以国际市场的贸易结算货币种类分布来代替并不会对结果带来实质的影响。那么，人民币相对于美元或欧元汇率发生波动时，大约会影响中国 40% 左右的对外贸易品价格。与此同时，人民币对美元或者欧元汇率波动对美国和欧元区国家进出口价格的影响则取决于中国的贸易占比，分别约为 16% 和 13%，远小于 40%。而进出口商品价格的波动会改变对进出口商品的需求，从而对进出口总额产生影响。因此，美元和欧元的结算货币地位决定了人民币相对美元和欧元汇率的波动对中国进出口额的影响高于对美国和欧元区国家进出口额的影响程度。

2. 稳健性检验

本小节对前面的实证结果进行稳健性检验。实证结果对国别的稳健性检验和实证结果对权重系数矩阵的稳健性检验。首先是国别的稳健性检验，依然以韩国为例。图 5－11 是韩元相对美元和欧元汇率冲击对美国和欧元区国家对外贸易额的影响。

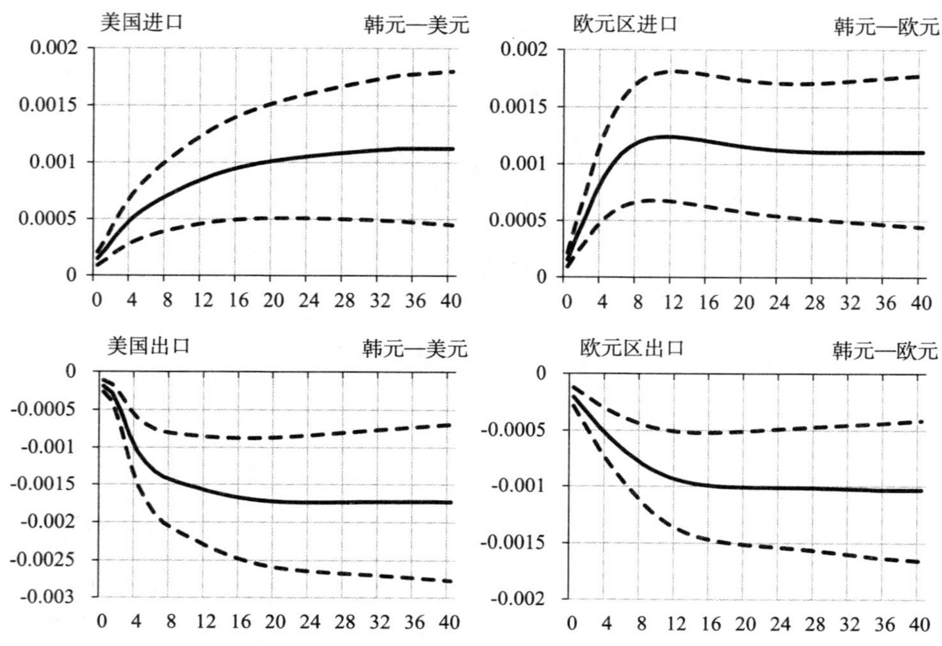

图 5－11 韩元对美元和欧元贬值时美国和欧元区国家进出口的变动趋势

对比图 5－11 和图 5－6 可以看出，前面的两个主要结论对韩国依然成立（见表 5－2）：

表 5－2 储备货币汇率波动贸易效应对韩国和美国、欧元区国家的实证结果

冲击	国别	进口额	出口额
人民币对美元贬值	韩国	下降 0.75%	上升 0.80%
	美国	上升 0.11%	下降 0.17%
人民币对欧元贬值	韩国	下降 0.54%	上升 0.52%
	欧元区国家	上升 0.11%	下降 0.10%

第一，韩元对美元和欧元汇率冲击对美国和欧元区国家的对外贸易额在长期有一定的影响。当韩元对美元的汇率受到一单位的贬值冲击时，美国的进口额会上升约 0.11%，出口额会下降约 0.17%；当韩元对欧元的汇率受到 1 单位贬值冲击时，欧元区国家的进口额上升约 0.11%，出口额下降约 0.10%。

第二，韩元对美元和欧元的汇率冲击给美国和欧元区国家进出口额带来的变动幅度远小于给韩国进出口额带来的变动幅度。相应的，汇率冲击对美国和欧元区国家对外贸易总额的影响也小于对韩国贸易总额的影响。

因此，储备货币汇率波动贸易效应的非对称性对不同的国家是成立的，该结论是国别稳健的。

下面对权重系数矩阵的稳健性进行检验。依然是以时变贸易权重矩阵代替固定贸易权重矩阵进行稳健性检验。图5－12是时变贸易权重矩阵方法计算的人民币相对美元和欧元汇率受到贬值冲击时美国和欧元区国家的贸易变动情况。对比图5－12和图5－7可以看出，前面的两点结论依然成立：人民币对美元和欧元的汇率冲击对美国和欧元区国家的对外贸易额在长期中有显著的影响；人民币对美元和欧元的汇率冲击给美国和欧元区国家的进出口额带来的变动幅度小于给中国进出口额带来的变动幅度。

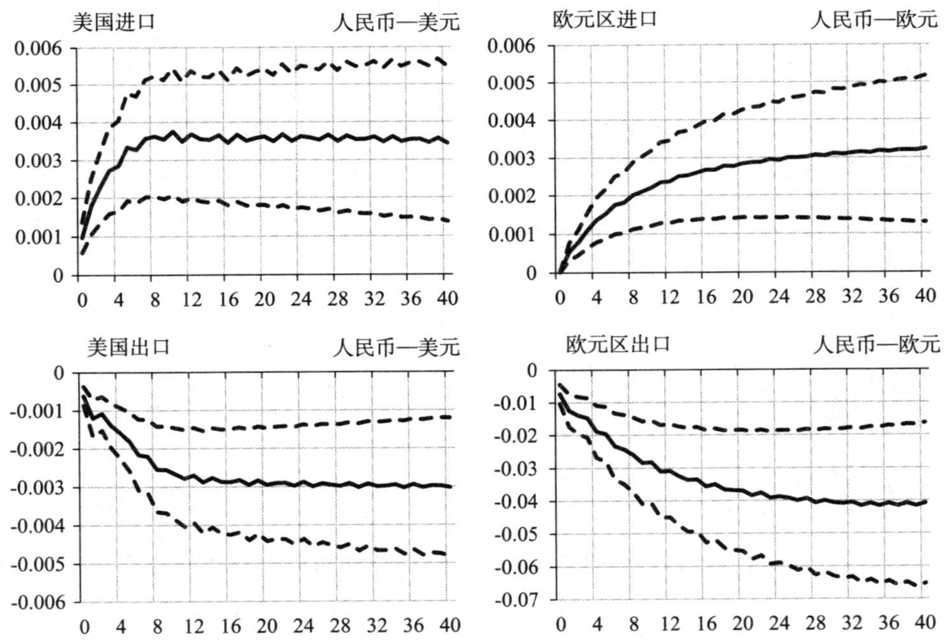

图5－12　时变贸易矩阵下人民币对美元和欧元贬值时美国和欧元区国家进出口变动趋势

因此，本小节所得出的结论是稳健的，储备货币汇率的波动效应具有非对称性，其给储备货币国进出口带来的影响低于对非储备货币国进出口所带来的影响。

5.2 储备货币汇率波动产出效应的实证检验与分析

本节对储备货币汇率波动的产出效应进行检验。类似于前一节，首先对储备货币汇率波动产出效应的显著性和差异性进行检验，包括：储备货币汇率波动对一国的实际产出是否有显著影响、不同储备货币汇率波动的产出效应是否有差别以及储备货币和非储备货币汇率波动的产出效应是否有差别。随后对储备货币汇率波动产出效应的非对称性进行检验，即储备货币汇率波动的产出效应对储备货币国和非储备货币国是否有差异。

5.2.1 储备货币汇率波动的产出效应：实证结果与对比分析

1. 实证结果与分析

本小节依然主要以中国为例进行分析。图 5 – 13 是人民币分别相对美元和欧元汇率受到贬值冲击时，中国的实际产出变动趋势。

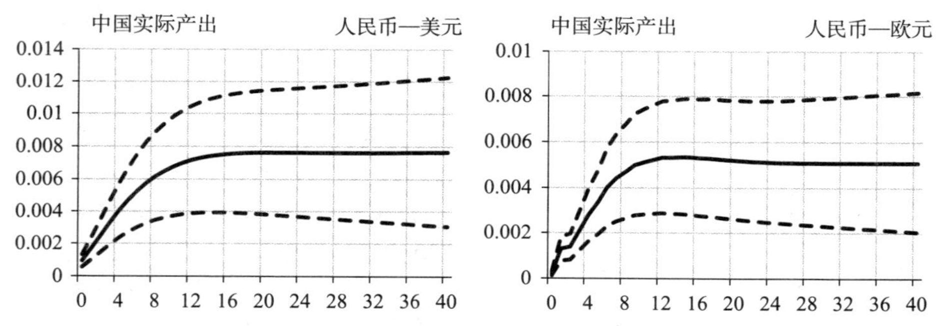

图 5 – 13 人民币相对美元和欧元汇率贬值时中国实际产出变动趋势

从图 5 – 13 中可以得出以下两点结论：

第一，人民币相对美元和欧元汇率的贬值冲击对中国的实际产出有显著的影响。人民币对美元汇率受到 1 单位的贬值冲击时，中国的实际产出水平将上升约 0.79%；人民币对欧元汇率受到 1 单位的贬值冲击时，中国的实际产出水平将上升约 0.51%。该实证结果与现有文献的研究结论是一致的，如李炳（2016）、赵永亮等（2011）。

第二，人民币对美元和欧元汇率的贬值冲击对中国实际产出的影响程度不同：人民币对美元汇率的贬值冲击对中国实际产出带来的正向效应要大于人民币对欧元汇率的贬值冲击所带来的正向效应。

在文献综述中提到，汇率冲击对一国实际产出的影响主要通过贸易和资本流动两个途径。因此，人民币对美元和欧元汇率的贬值冲击能够使中国的实际产出水平上升，主要是由于以下两个方面的原因：

第一，人民币对美元和欧元汇率的贬值冲击能够促进中国的出口，抑制中国的进口，改善中国的对外贸易状况。这一点在5.1节中已经进行了深入的分析。一方面，人民币贬值使国外产品价格上升，消费者会更多地选择国内产品进行替代，从而增加了国内产品的销售量，提高了国内厂商的收入，促进国内实际产出水平的上升；另一方面，人民币贬值使国内产品在国际市场上的价格下降，提高了其在国外市场上的需求，从而使国内产品在国外市场的销量上升，增加国内厂商的收入，从而提高了国内的实际产出水平。在进口下降和出口上升两个方面的共同作用下，人民币相对美元和欧元汇率的贬值导致了中国国内产出水平的上升。

第二，人民币对美元和欧元汇率的贬值冲击对中国的外商直接投资（FDI）影响并不显著。在第2章文献综述中提到，汇率冲击影响资本流动的途径较多，例如财富效应理论、风险效应理论、成本效应理论等。汇率冲击通过各途径对资本流动影响的方向并不一致，最终资本流动的方向要根据不同的经济状况、政策环境、市场预期等因素综合决定。张婷（2016）使用中国2001～2015年的月度数据对中国FDI受汇率波动影响的状况进行了实证分析。实证结果表明，人民币汇率冲击对中国FDI影响较小，且只有短期的影响。另外，吴良珍（2015）、饶菁伟（2015）等的实证结果也支持了这一观点。

另外，本书的实证结果也支持上述第二点原因。图5-14是人民币对美元和欧元的汇率受到贬值冲击时中国资产价格的变动趋势。可以看出，人民币相对于美元和欧元的汇率分别受到贬值冲击时，中国资产价格的变动趋势是类似的：在短期内下降约0.05%～0.1%；但在在长期内，资产价格会回升，并上升约0.1%。短期内资产价格下降，意味着资本从中国流出，此时人民币贬值冲击对资本流动的影响主要体现为风险效应，即国外资本担心人民币汇率长期下降会降低资本在中国的收益率，因此，资本向国外转移。长期内资产价格上升，意味着资本流入中国，此时人民币贬值给资本流动带来的影响主要体现为财富效应和成本效应。但人民币对美元和欧元汇率的冲击对资产价格带来变动的程度都是很小的，在0.1%以内。这表明，人民币汇率冲击对中国资本流动所带来的影响是非常有限的。

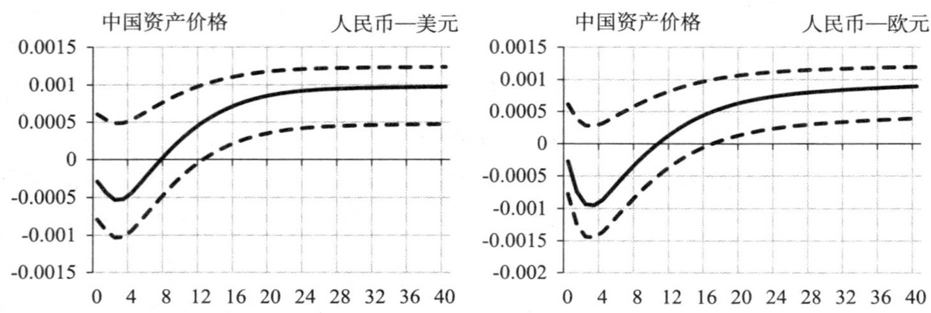

图5-14　人民币对美元和欧元的汇率受到贬值冲击时中国资产价格的变动趋势

结合上述两个方面可知，人民币相对于美元和欧元的贬值冲击促进了中国出口，抑制了中国的进口，从而使实际产出上升；同时人民币的贬值冲击通过FDI的途径对国内投资水平的影响极为有限，更难以对国内的产出水平造成影响。因此，人民币相对于美元和欧元的贬值冲击能够提高中国的实际产出水平。

由于人民币汇率冲击对FDI影响较小，美元和欧元汇率冲击实际产出效应的来源主要是贸易效应的差异，也就是美元汇率冲击和欧元汇率冲击对中国进出口的影响程度不同，美元汇率的冲击给中国进出口带来的影响高于欧元汇率冲击给中国进出口带来的影响。在5.1节中已经对这一点进行了分析：人民币对美元和欧元汇率的贬值冲击能够显著地促进中国的出口额，抑制中国的进口额，使中国的净出口上升；同时，人民币对美元汇率贬值所导致的中国净出口的上升幅度要高于欧元。因此，人民币对美元的贬值冲击能够使更多的消费者购买国内的产品，同时使国内厂商在国外的市场份额更高，从而更多地提升了国内厂商的收入，也就更多地提高了中国的实际产出水平。

接下来考察储备货币和非储备货币汇率波动产出效应的差异。此处依然以韩国为例。图5-15是人民币相对于韩元的汇率受到贬值冲击时中国实际产出水平的变动趋势。

从图5-15中可以看出，当人民币对韩元的汇率受到1单位的贬值冲击时，中国的实际产出状况会上升约0.25%。韩元汇率波动的产出效应远低于美元和欧元汇率波动的产出效应（见表5-3）。根据前面的分析可以知道，这主要是因为人民币对韩元的汇率冲击给中国贸易带来的影响远小于人民币兑美元和欧元的汇率冲击所带来的影响。这表明，储备货币汇率波动的产出效应显

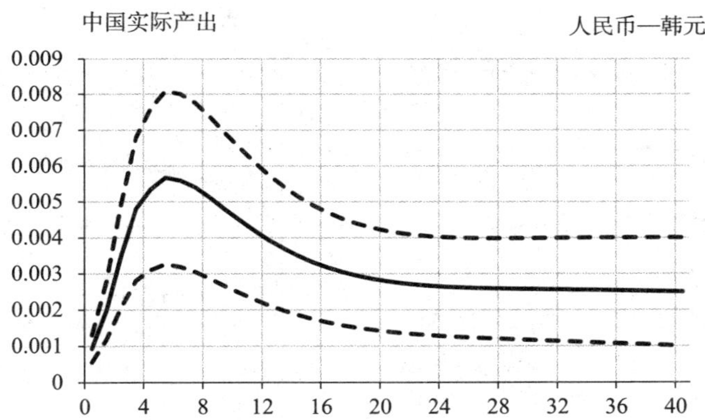

图5-15 人民币相对于韩元的汇率受到贬值冲击时中国实际产出的变动趋势

著高于非储备货币汇率波动的产出效应。

表5-3 人民币对美元、欧元、韩元汇率受到贬值冲击时中国实际产出变动

汇率冲击	中国实际产出的变动幅度
人民币对美元贬值	上升0.79%
人民币对欧元贬值	上升0.51%
人民币对韩元贬值	上升0.25%

2. 稳健性检验

接下来对前面的实证结果进行稳健性检验。类似于5.1节，稳健性检验依然包括两个部分：对国别稳健性进行检验；对权重矩阵进行稳健性检验。

首先对国别稳健性进行检验。依然以韩国为例。图5-16是韩元对美元、欧元和人民币的汇率分别受到贬值冲击时，韩国实际产出的变动趋势。从图中可知，前面的三点结论对韩国依然成立：

第一，韩元相对美元和欧元汇率的贬值冲击对韩国的实际产出有显著的影响。韩元对美元汇率受到1单位的贬值冲击时，韩国的实际产出水平将上升约0.47%；韩元对欧元汇率受到1单位的贬值冲击时，韩国的实际产出水平将上升约0.38%。

第二，韩元对美元和欧元汇率的贬值冲击对韩国实际产出的影响程度不同：韩元对美元汇率的贬值冲击对韩国实际产出带来的正向效应要大于韩元对欧元汇率的贬值冲击所带来的正向效应。

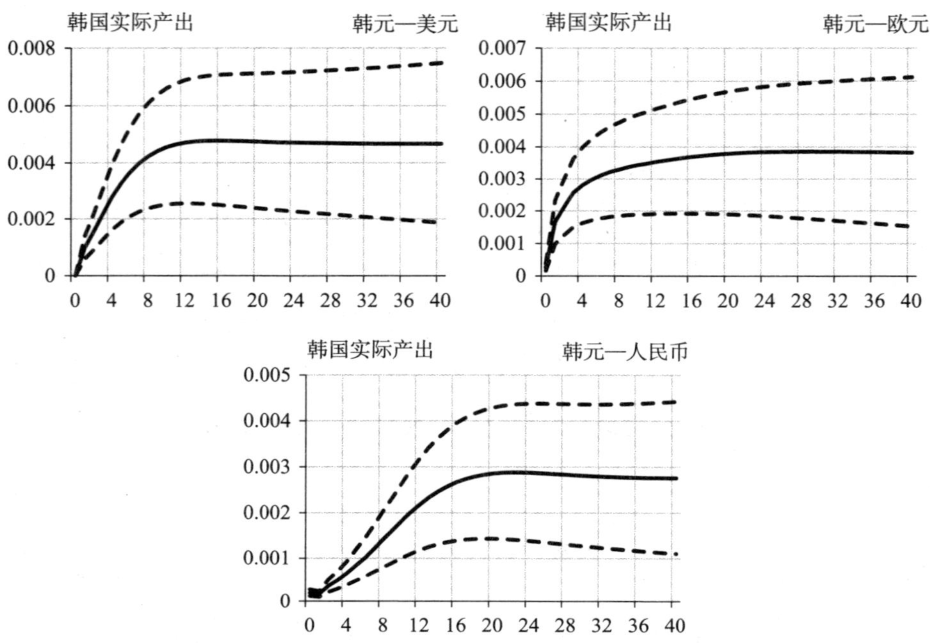

图 5－16　韩元对美元、欧元和人民币的汇率贬值时韩国实际产出的变动趋势

第三，韩元对人民币汇率的贬值冲击给韩国实际产出带来正向效应小于韩元对美元和欧元汇率的贬值冲击给韩国实际产出所带来的正向效应。韩元对人民币汇率受到1单位的贬值冲击时，韩国实际产出增加约0.28%，小于美元和欧元汇率冲击所带来的影响。具体如表5－4所示。

表 5－4　韩元对美元、欧元、人民币汇率受到贬值冲击时韩国实际产出变动

汇率冲击	韩国实际产出的变动幅度
韩元对美元贬值	上升0.47%
韩元对欧元贬值	上升0.38%
韩元对人民币贬值	上升0.28%

因此，本小节所得出的三个结论是国别稳健的。下面对着三个结论的权重矩阵稳健性进行分析。图5－17是使用权重贸易矩阵的计算结果中，人民币相对于美元、欧元和韩元的汇率受到贬值冲击时中国的实际产出变动趋势。从图中可以看出，前面的三个结论依然成立，因此，是稳健的。

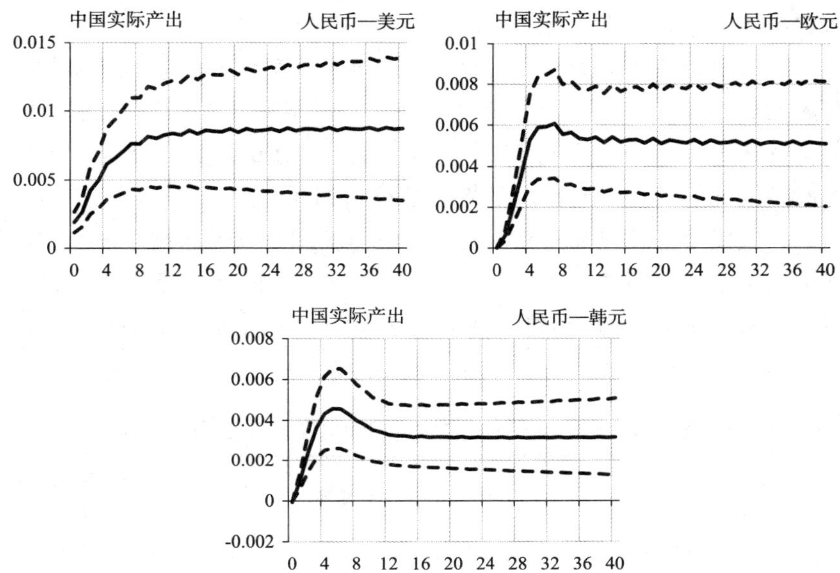

图 5－17　使用时变权重贸易矩阵计算的各国货币汇率波动的产出效应

综上，经过检验表明，无论是对其他非储备货币国，还是利用时变贸易矩阵进行计算，本小节对储备货币汇率波动的产出效应所得出的结论都是成立的，因此这些结论是稳健的。

5.2.2　储备货币汇率波动产出效应的非对称性

1. 实证结果与分析

接下来对储备货币汇率波动产出效应的非对称性进行分析。图5－18是人民币对美元和欧元的汇率受到贬值冲击时，美国和欧元区国家的实际产出变动趋势。

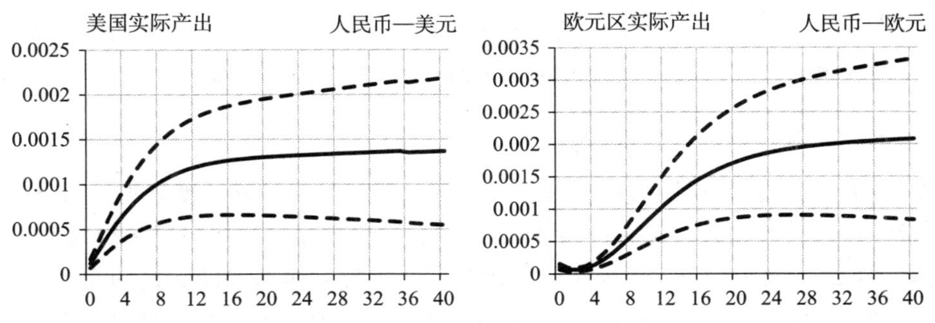

图 5－18　人民币对美元和欧元贬值时美国和欧元区国家的实际产出变动趋势

对比图 5－18 和图 5－13，可以得出以下两点结论：

第一，人民币对美元和欧元汇率的贬值冲击对美国和欧元区国家的实际产出有显著的影响。具体来讲，当人民币对美元汇率受到 1 单位的贬值冲击时，美国的实际产出水平将上升约 0.14%；当人民币对欧元汇率受到 1 单位的贬值冲击时，欧元区的实际产出水平将上升约 0.21%。

第二，人民币对美元和欧元的贬值冲击对美国、欧元区国家实际产出所造成的影响程度小于其对中国实际产出所造成的影响程度（见表 5－5）。这表明，储备货币汇率波动的产出效应具有非对称性：储备货币汇率波动对储备货币国的产出效应低于对非储备货币国的产出效应。

表 5－5　储备货币汇率波动产出效应对中国和美国、欧元区的非对称性

汇率冲击	中国实际产出的变动幅度	美国/欧元区国家的实际产出变动幅度
人民币对美元贬值	上升 0.79%	上升 0.14%
人民币对欧元贬值	上升 0.51%	上升 0.21%

造成储备货币汇率波动产出效应非对称性的原因主要有以下三点：

第一，经济体量不同。经济体量是计算实际产出变动百分比的基础，对产出变动幅度有重要的影响。图 5－19 是 2001～2016 年中国、欧元区国家和美国的实际 GDP。可以看出，2001～2016 年中国的实际产出水平一直小于欧元区国家和美国的实际 GDP。在这种情况下，即使人民币汇率冲击给中国、美国和欧元区国家的实际产出所带来的变化量相同，最后计算所得的变动比率依然存在差异，且中国的变动率最大，美国的变动率最小。实际产出的差别在一定程度上导致了储备货币汇率波动产出效应的非对称性。

第二，贸易依存度不同。贸易依存度一方面用来衡量一个国家的开放程度；另一方面也用来定性地衡量在开放度相近的情况下，各个国家的经济对贸易的依赖程度。一般用进出口总额与 GDP 的比值来表示，即：

$$贸易依存度 = \frac{进出口总额}{国内生产总值}$$

该比率越高，说明一个国家的经济状况与对外贸易的相关度越高。图5－20 计算了中国、欧元区国家和美国 2001～2016 年的对外贸易依存度的变动状况。从图 5－20 中可以看出，中国的贸易依存度始终高于美国和欧元区国家，中国的经济状况更容易受到贸易波动的影响。因此，贸易依存度的差异也导致了储备货币汇率波动对中国的产出效应高于对美国和欧元区国家的产出效应。

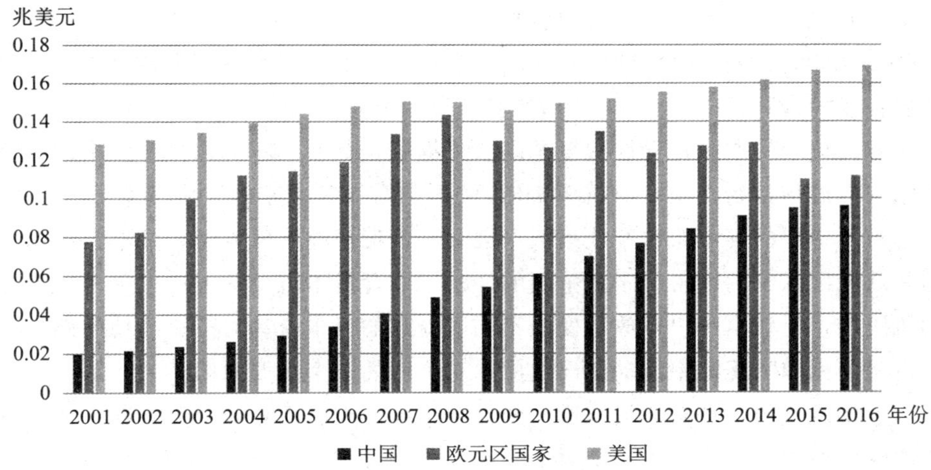

资料来源：世界银行和IMF数据库，以2010年为基期。

图5－19　2001～2016年中国、欧元区国家和美国的实际产出

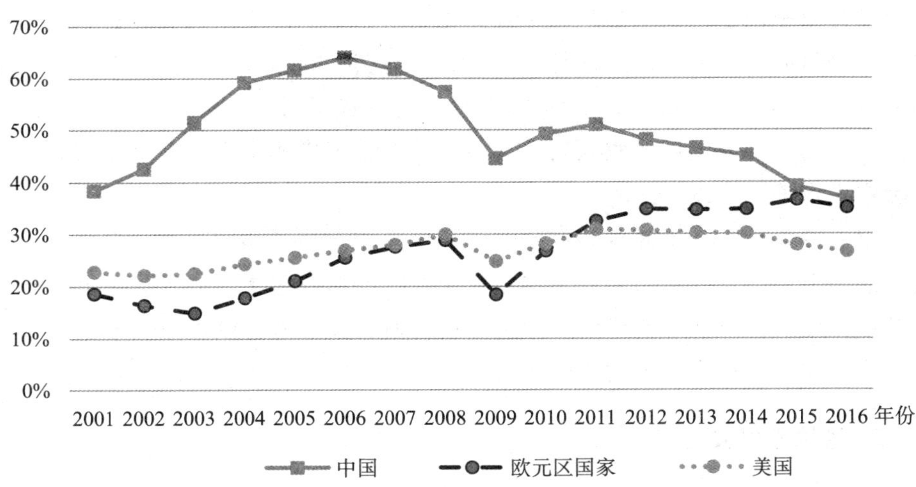

资料来源：IMF数据库。

图5－20　2001～2016年中国、欧元区国家和美国的对外贸易依存度

第三，资本账户开放程度不同。在第2章文献综述中提到，汇率波动是影响资本流动的重要因素。当一国货币的汇率发生波动时，会引发资本出于各种动机进行跨国流动。但不同国家的资本流动对汇率波动的敏感度是不同的，这主要取决于各个国家的资本账户开放程度。IMF每年发布的《兑换制度和兑换限制年报（Annual Report on Exchange Arrangements and Exchange Restrictions,

AREAER)》中对IMF各成员国的资本账户管制状况进行统计。Chinn 和 Ito（2006，2008）使用AREAER中的统计信息设计出一个用来衡量各国资本账户开放程度的指数，Chinn - Ito 指数。该指数是标准化指数，位于区间［0，1］，数值越高代表资本账户开放程度越高。根据该指数①，2001 ~ 2015 年中国的资本账户开放指数始终是0.165697038，美国与欧元区国家的开放程度②为1，大大超过了中国的资本账户开放指数。因此，当汇率冲击发生时，资本流动对美国和欧元区国家的冲击大于对中国的冲击。尽管资本流动的方向由很多因素与动机决定，但资本账户开放程度的不同所导致的资本流动对汇率波动敏感性差异也是美元和欧元汇率波动产出效应非对称性的一个重要原因。

值得注意的一点是，根据模型的计算结果，人民币相对美元和欧元的贬值冲击既能使中国的产出水平上升，又能使美国、欧元区国家的产出水平上升。这是由于人民币汇率波动对进出口价格传递性的差异所导致的。在第一小节中分析到，人民币汇率波动对出口价格的传递性较高，因此人民币对美元或欧元的贬值会使中国出口商品的价格下降，提高了国外消费者的购买力；同时汇率波动对进口商品价格的传递性较差，人民币对美元或欧元的贬值不会完全传递到中国进口商品的价格中，从而减轻了中国消费者对外国产品需求的下降幅度，也就减少了外国厂商收入的下降幅度。两种因素相结合下，就使得外国的实际收入水平也出现了上升。

但这种双赢的结果并没有使现实中人民币相对美元和欧元在长期中持续贬值。这是因为尽管人民币相对于储备货币贬值能够改善本国的贸易条件，促进本国经济发展，但在现实中对汇率进行调控时，还要考虑到汇率变动的其他方面影响，而不能任由本国货币贬值（赵永亮等，2011）。

2. 稳健性检验

由于不同国家的汇率—价格传导性不同，资本账户管制程度不同等，储备货币汇率波动的产出效应可能会有方向、大小的不同。因此，本小节的稳健性检验部分仅对贸易权重矩阵进行验证。图5 - 21是在时变贸易矩阵下，人民币对美元和欧元汇率受到贬值冲击时美国和欧元区国家的实际产出变动趋势。

---

① 该指数发布网址 http：//web. pdx. edu/ ~ ito/Chinn - Ito_ website. htm，截至论文写作时更新至2015年。

② 该指数并没有对欧元区国家进行统一的测算，但欧元区的主要国家在2005年以后资本账户开放指数都是1，因此，可以认为欧元区国家综合性的资本开放指数是1。

对比图 5－21 和图 5－18 可以发现，人民币对美元和欧元汇率受到贬值冲击时美国和欧元区国家的实际产出变动趋势的计算结果对于不同的贸易权重矩阵来说是稳健的；对比图 5－21 和图 5－17 可以发现，本小节所得出的结论对不同的贸易权重矩阵来说也是稳健的。

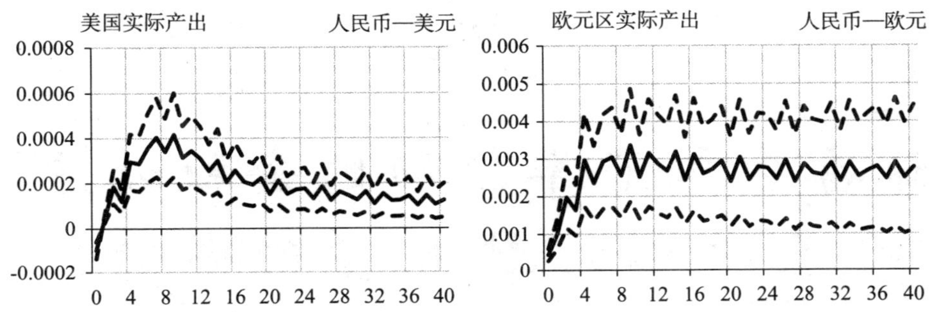

图 5－21　时变贸易矩阵计算出的人民币汇率冲击对美国和欧元区国家实际产出的影响

5.3　本章小结

本章利用第 4 章构建的 GVAR 模型对储备货币汇率波动的实体效应进行了分析。主要结论有以下两点：

第一，储备货币汇率波动的贸易效应具有差异性和非对称性的。差异性是指，美元汇率波动的贸易效应大于欧元；储备货币汇率波动的贸易效应大于非储备货币。非对称性是指储备货币汇率波动对非储备货币国的贸易效应大于对储备货币国的贸易效应。稳健性检验结果表明，以上结论是稳健的。在文中还对差异性和非对称性的原因进行了分析。

第二，储备货币汇率波动的产出效应对中国是显著的，并且有显著的差异性和非对称性。差异性是指美元汇率波动的产出效应大于欧元汇率波动产出效应；储备货币汇率波动的产出效应大于非储备货币汇率波动的产出效应；非对称性是指美元和欧元汇率波动对中国的产出效应大于对美国和欧元区国家的产出效应。其中，储备货币汇率波动产出效应的差异性经过稳健性检验，表明这两点结论是稳健的。储备货币汇率波动产出效应的非对称性由于受到资本流动影响较大，难以进行国别稳健性检验，只验证了其对中国是稳健的。在文中还对差异性和非对称性的原因进行了分析。

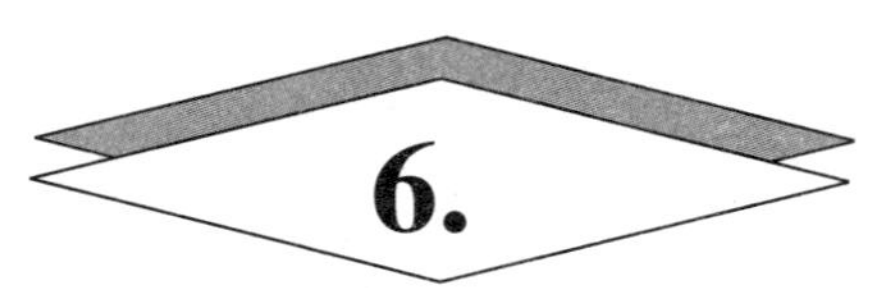

6. 储备货币汇率波动的金融效应：基于GVAR模型的分析

本章将根据第4章所构建GVAR模型的运算结果，对储备货币汇率波动的金融效应进行讨论。在第3章中的理论分析中提到，储备货币汇率波动的金融效应主要包括三个方面：价格效应、利率效应和估值效应。下面将对这三个方面逐一进行实证检验，并对检验结果进行分析。

6.1 储备货币汇率波动价格效应的实证检验与分析

本节对储备货币汇率波动的价格效应进行检验。类似于前一章，首先对储备货币汇率波动价格效应的显著性和差异性进行检验，包括：储备货币汇率波动对一国的价格水平是否有显著影响、不同储备货币汇率波动的价格效应是否有差别以及储备货币和非储备货币汇率波动的价格效应是否有差别。随后对储备货币汇率波动价格效应的非对称性进行检验，即储备货币汇率波动的价格效应对储备货币国和非储备货币国是否有差异。

6.1.1 储备货币汇率波动的价格效应：实证结果与对比分析

1. 实证结果与分析

首先对储备货币汇率波动价格效应的显著性和差异性进行分析。在GVAR模型的动态结果中有各个国家的汇率冲击对物价指数CPI造成影响的脉冲响应图。图6－1是中国的物价指数在人民币分别相对于美元和欧元受到贬值冲击时的变动状况。

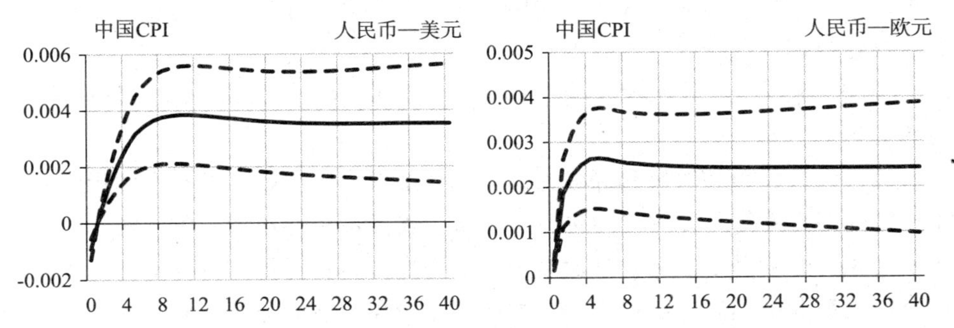

图6－1 人民币分别相对于美元和欧元受到贬值冲击时中国CPI变动

根据图6－1中国消费者价格指数在人民币对美元和欧元汇率受到贬值冲击时的变动状况来看，可以得出以下两点结论：

第一，人民币对美元和欧元汇率的贬值冲击对中国的消费者价格指数有显著的影响。其中，当人民币相对美元的汇率受到1单位的贬值冲击时，中国的消费者价格指数将上升约0.35%；当人民币相对欧元的汇率受到1单位的贬值冲击时，中国的消费者价格指数将上升约0.24%。该结论与现有文献的研究结论是相符的，如王胜等（2015）、白钦先等（2011）。

第二，美元和欧元的汇率冲击对中国消费者价格指数的影响存在差异。美元汇率冲击给中国消费者价格指数所带来的影响要高于欧元汇率冲击所带来的影响。

人民币对美元和欧元汇率的贬值冲击能够显著带来中国消费者价格指数的上升，主要有以下两个方面的原因：

第一，人民币汇率的波动能够在一定程度上影响中国的进口价格，进而影响中国的消费者价格指数。在5.1.1节中对人民币汇率对进口价格的传导进行了分析，尽管人民币汇率对进口价格的传递效应较低，但人民币汇率相对于美元和欧元的汇率贬值也会在一定程度上提高中国进口商品的价格，从而导致中国的消费者价格指数上涨。

第二，人民币对美元和欧元的汇率冲击能够影响中国的货币供应量，从而改变中国的消费者价格指数。现有文献的研究表明，人民币的货币供应量和人民币汇率冲击之间有密切的关系，如王帅林（2012）等。尽管人民币汇率冲击对货币供给量的影响较为复杂，包含多个渠道方向各不同的影响，最终影响的方向具有不确定性，但有实证研究表明，人民币实际有效汇率的变动会导致国内 M2 的同方向变动（王帅林，2012）。因此，当人民币相对于美元和欧元的汇率受到贬值冲击时，人民币实际有效汇率上升，导致国内的货币供给量上升，最终使国内物价水平上升。

而美元和欧元的汇率冲击对中国消费者价格指数的影响存在差异的原因，主要有以下三点：

第一，人民币相对美元和欧元的汇率冲击对中国实际有效汇率的影响程度不同。这一点在第 5 章中已经进行了分析。美元汇率冲击对人民币实际有效汇率所带来的影响高于欧元，进而对中国的进出口、货币供应量等受到人民币实际有效汇率影响的因素所造成的影响程度也较高，最终导致美元汇率冲击对中国消费者价格指数的影响程度高于欧元。

第二，中国同美国的贸易额占中国总贸易额的比例高于中国同欧元区国家的贸易额占中国总贸易额的比例。这一点在第 5 章中也进行了详细的分析。因此，人民币对美元贬值对中国进口价格带来的上升程度较高，最终也会对中国居民价格指数带来的上升程度较高。

第三，以原油为代表的石油产品多以美元计价。除了伊朗曾短暂使用欧元进行石油贸易结算外，所有的石油产品贸易都是以美元进行计价和结算的（嵇一，2014）。因此，人民币对美元贬值会使中国进口资源品的价格上升，继而导致国内产商生产成本上升，国内石油产品的价格也会随之上升，最终使得国内消费者价格指数上涨。而欧元则难以通过该途径对中国消费者价格指数造成影响，这是美元与欧元的一个重要区别。因此，人民币对美元汇率冲击给中国消费者价格指数带来的影响要高于人民币对欧元汇率冲击所带来的影响。

接下来考察储备货币和非储备货币汇率波动价格效应的差异。此处以韩国为例。图 6－2 是人民币对韩元的汇率受到贬值冲击时中国消费者价格指数的变动趋势。

从图 6－2 中可以看出，人民币对韩元的汇率受到 1 单位贬值冲击时，中国的消费者价格指数将上升约 0.15%。韩元汇率波动的价格效应远低于美元和欧元汇率波动的价格效应（见表 6－1）。根据前面的分析可以得知，韩国同中国的贸易额占中国贸易总额的比例较低、韩元汇率波动对人民币实际有效汇率影响较小是导致韩元汇率波动价格效应较小的主要原因。这表明，对中国来说，储备货币汇率波动的价格效应高于非储备货币汇率波动的价格效应。

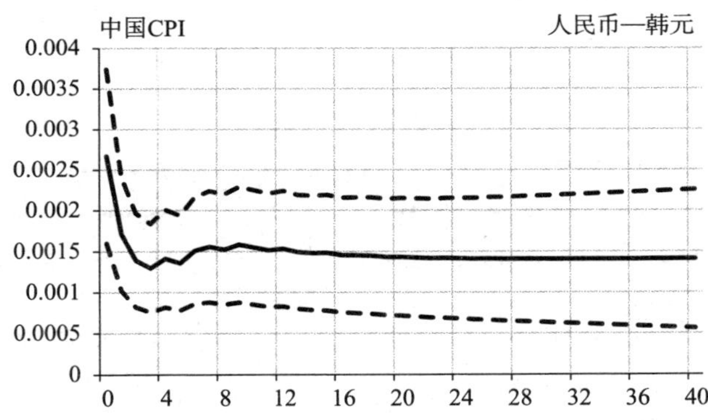

图 6－2　人民币对韩元贬值时中国消费者价格指数的变动趋势

表 6－1　　人民币对美元、欧元、韩元汇率贬值时中国消费者价格指数变动

汇率冲击	中国消费者价格指数变动幅度
人民币对美元贬值	上升 0.35%
人民币对欧元贬值	上升 0.24%
人民币对韩元贬值	上升 0.15%

2. 稳健性检验

接下来对前面的实证结果进行稳健性检验。稳健性检验包括两个部分，对国别稳健性进行检验，以及对权重矩阵稳健性进行检验。

首先对国别稳健型进行检验。依然以韩国为例。图 6－3 是韩元对美元、欧元和人民币的汇率分别受到贬值冲击时，韩国消费者价格指数的变动趋势。从图 6－3 中可知，前面的三点结论对韩国依然成立：

第一，韩元相对美元和欧元汇率的贬值冲击对韩国的消费者价格指数有显著的影响。韩元对美元汇率受到 1 单位的贬值冲击时，韩国的消费者价格指数将上升约 0.21%；韩元对欧元汇率受到 1 单位的贬值冲击时，韩国的消费者价格指数将上升约 0.14%。

第二，韩元对美元和欧元汇率的贬值冲击对韩国消费者价格指数的影响程度不同：韩元对美元汇率的贬值冲击对韩国消费者价格指数带来的正向效应要大于韩元对欧元汇率的贬值冲击所带来的正向效应。

第三，韩元对人民币汇率的贬值冲击给韩国消费者价格指数带来的正向效应小于韩元对美元和欧元汇率的贬值冲击给韩国消费者价格指数带来的正向效应。韩元对人民币汇率受到 1 单位的贬值冲击时，韩国消费者价格指数上升约

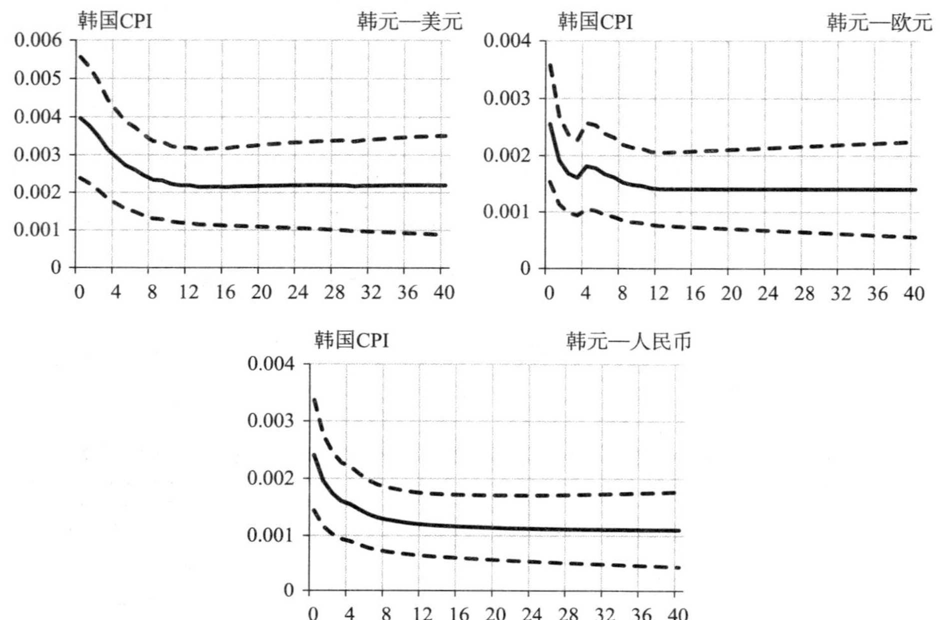

图 6-3 韩元对美元、欧元和人民币贬值时韩国消费者价格自己指数变动趋势

0.12%，小于美元和欧元汇率冲击所带来的影响。具体如表 6-2 所示。

表 6-2 韩元对美元、欧元、人民币贬值时韩国消费者价格指数变动

汇率冲击	韩国消费者价格指数变动幅度
韩元对美元贬值	上升 0.21%
韩元对欧元贬值	上升 0.14%
韩元对人民币贬值	上升 0.12%

值得注意的是，第一，对比表 6-1 和表 6-2 可以发现，储备货币汇率波动对韩国的价格效应弱于中国。汇率制度的差异是一个重要原因。韩国采用浮动汇率制，韩国货币当局很少对韩元的汇率波动进行干预，汇率冲击对货币政策的影响要弱于中国，因此韩元的汇率冲击对韩国货币政策的影响较低。于是韩元汇率波动较难以通过货币政策的途径改变货币供应量来影响消费者价格指数。这在一定程度上削弱了储备货币汇率波动对韩国的价格效应。

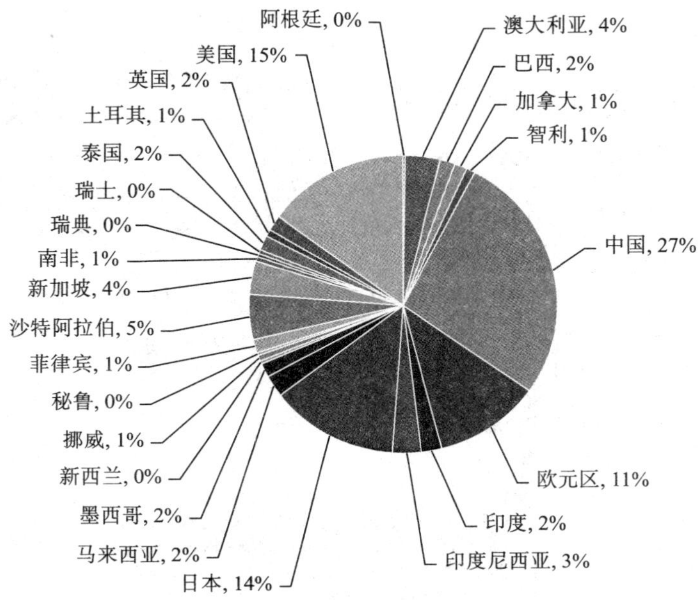

资料来源：IMF 数据库。

图 6－4　2002～2016 年韩国同各国对外贸易总额的权重

第二，人民币汇率冲击给韩国带来的价格效应虽然低于美元和欧元汇率波动的价格效应，但是其差距已经很小（根据表 6－1，对中国来讲，韩元汇率波动的价格效应显著低于美元和欧元）。这主要因为中国是韩国最大的贸易伙伴。图 6－4 是 2002～2016 年韩国同各国对外贸易总额的权重。从中可以看到，中国同韩国的贸易额占韩国对外贸易总额的 27%，高于美国同韩国贸易额的占比 15%，更高于欧元区国家同韩国的贸易额占比 11%。因此，韩元相对人民币贬值导致的进口物价水平上涨要高于其对美元和欧元贬值所带来的影响，在一定程度上抵消了美元和欧元作为储备货币对韩国价格效应的“优势”。但即使中国同韩国的贸易额远超美国、欧元区国家同韩国的贸易额，韩元对人民币汇率波动的价格效应依然低于美元对美元、韩元对欧元汇率波动的价格效应。

随后对前面中国消费者价格指数对美元、欧元和韩元汇率冲击的变动趋势进行贸易权重矩阵的稳健性检验。图 6－5 是采用时变贸易权重矩阵时，中国消费者价格指数对美元、欧元和韩元汇率冲击的响应。

对比图 6－5 和图 6－1 不难发现，前面所得出的三点结论在采用时变贸易权重矩阵所计算出的结果中依然成立。

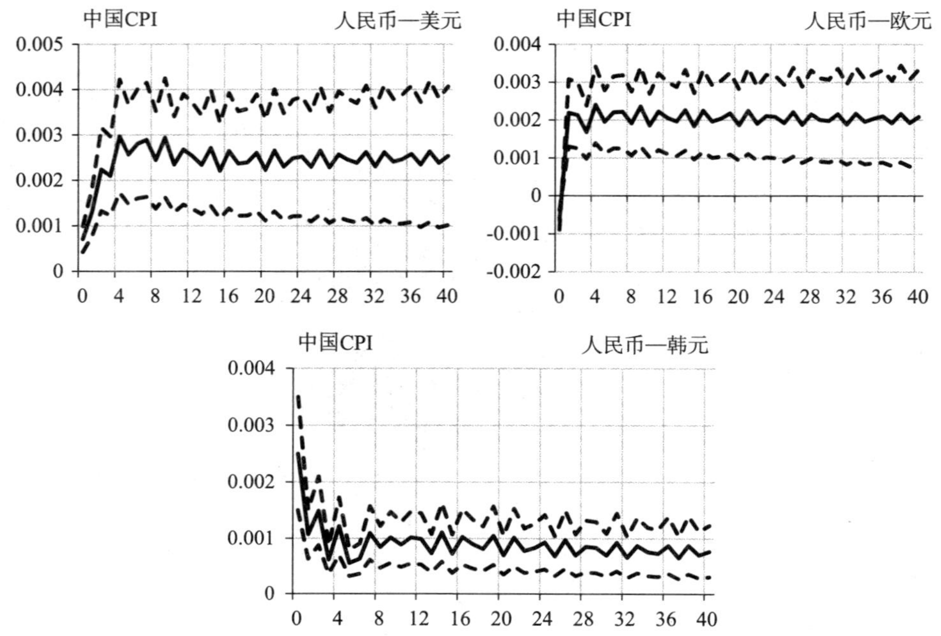

图 6-5 时变贸易权重矩阵下中国消费者价格指数脉冲相应图

综上所述，可以认为，本小节对储备货币汇率波动价格效应的分析所得出的三点结论是稳健的。

6.1.2 储备货币汇率波动价格效应的非对称性

1. 实证结果与分析

接下来对储备货币汇率波动价格效应的非对称性进行分析。图 6-6 是人民币对美元和欧元的汇率受到贬值冲击时，美国和欧元区国家消费者价格指数的变动趋势。

对比图 6-1 和图 6-6，可以得出以下两点结论：

第一，人民币对美元和欧元汇率的贬值冲击对美国和欧元区国家的消费者价格指数有一定的影响。具体来讲，当人民币对美元汇率受到 1 单位的贬值冲击时，美国的实际消费者价格指数将下降约 0.1%；当人民币对欧元汇率受到 1 单位的贬值冲击时，欧元区的实际消费者价格指数将下降约 0.155%。

第二，人民币对美元和欧元的贬值冲击对美国、欧元区国家消费者价格指数所造成的影响程度小于其对中国消费者价格指数所造成的影响程度（见表 6-3）。

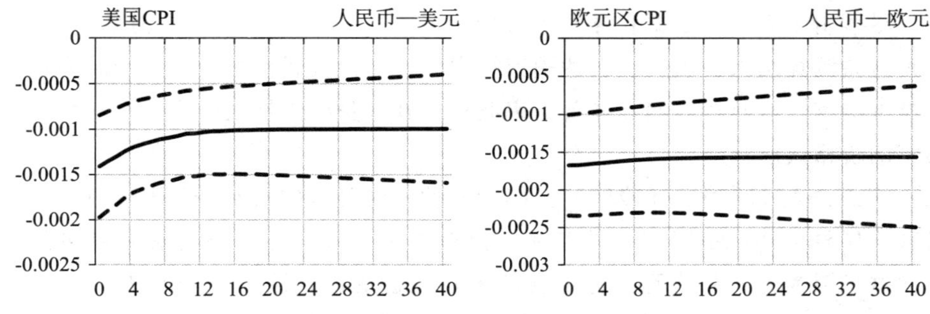

图6－6 人民币对美元和欧元贬值时美国和欧元区国家消费者价格指数的变动

这表明，储备货币汇率波动的价格效应具有非对称性：储备货币汇率波动对储备货币国的价格效应低于对非储备货币国的价格效应。

表6－3 储备货币汇率波动价格效应对中国和美国、欧元区的非对称性

汇率冲击	中国消费者价格指数变动	美国/欧元区国家的消费者价格指数变动
人民币对美元贬值	上升0.35%	下降0.1%
人民币对欧元贬值	上升0.24%	下降0.155%

造成储备货币汇率波动价格效应非对称性的原因主要有以下三点：

第一，对发达国家和发展中国家来说，汇率波动对消费者价格指数的传导率不同。有大量文献对发达国家和发展中国家汇率波动对消费者价格指数的传导进行了测算。Janine Aron等（2014）对这些文章的测算结果进行了总结。绝大部分的文章测算结果表明，发达国家汇率波动对消费者价格指数的传导率较低，发展中国家则较高。部分文献的测算结果具体如表6－4所示。

表6－4 部分文献对发达国家和发展中国家汇率传导的测算

文献	数据区间和国家	测算结果	
		发达国家	发展中国家
Frankel等（2012）	1990～2002年76个国家	2%	34%
Ca’Zorzi等（2007）	1975～2004年12个发展中国家和G3（美国、日本和欧元区）	1%，2%，7%*	24%
Choudhri和Hakura（2006）	1979～2000年71个国家	12%，20%，23%**	15，24%，27%
Goldfajn和Welang（2000）	1980～1998年71个国家	25%	34%

注：*分别对应美国、日本和欧元区的汇率传导值。

**三个数据分别对应不同的滞后期。

尽管由于方法、数据和样本等方面差异，这些研究的测算数值各不相同，但是这些测算结果都表明，发达国家汇率波动对消费者价格指数的传导率低于发展中国家。这直接表明，储备汇率波动对其本身的价格效应要低于对发展中国家的价格效应。

第二，人民币对美元或欧元汇率的波动，对美国或欧元区国家进口产品价格影响仅限于其从中国进口的产品；但对中国进口产品价格的影响则更加广泛。这是因为美元和欧元作为主要的国际储备货币，控制了全球贸易 80% 的结算份额。对中国的进口商来说，人民币对美国或者欧元汇率的波动会影响所有以美元或欧元计价、结算的商品的人民币价格；而对美国或者欧元区国家来说，人民币对美元或者欧元汇率的波动，仅仅影响其从中国进口商品的美元（占比约 16%）或者欧元（占比约 13%）价格，而对从其他国家进口商品的价格几乎没有影响。因此，人民币对美元或者欧元汇率的波动给中国带来的价格效应大于给美国或者欧元区国家带来的价格效应。

第三，美元和欧元的汇率都是自由浮动的，美联储和欧洲央行不会对汇率进行干预。也就是说，汇率并不是美国和欧盟的货币政策目的。因此，美元和欧元的汇率波动不会对美国和欧元区的货币供应带来影响。更进一步的，人民币对美元和欧元汇率波动对美元和欧元实际有效汇率的影响，也小于美元和欧元对人民币实际有效汇率的影响。美元和欧元汇率波动对美国和欧元区的价格效应要低于对中国的价格效应。

2. 稳健性检验

下面对储备货币汇率波动价格效应的非对称性进行稳健性检验。与 6. 1. 1 节相同，稳健性检验包括国别稳健性检验和贸易权重矩阵的稳健性检验。

首先进行国别稳健性检验，依然以韩国为例。图 6－7 是韩元对美元、欧元贬值冲击给美国和欧元区消费者价格指数带来的影响：

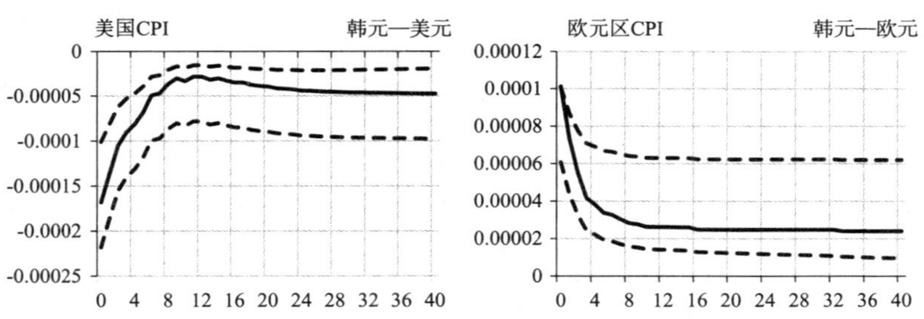

图 6－7　韩元对美元、欧元贬值冲击对美国和欧元区消费者价格指数的影响

可以看出，韩元对美元和欧元的贬值冲击给美国和欧元区国家的物价指数带来的影响微乎其微，分别为 -0.005% 和 -0.002%（见表 6-5）。这表明，储备货币汇率波动价格效应的是国别稳健的。

表 6-5　储备货币汇率波动价格效应对韩国和美国、欧元区的非对称性

汇率冲击	韩国 消费者价格指数变动	美国/欧元区国家 消费者价格指数变动
韩元对美元贬值	上升 0.21%	下降 0.005%
韩元对欧元贬值	上升 0.14%	下降 0.002%

然后对进行贸易权重矩阵的稳健性检验。图 6-8 是采用时变贸易权重矩阵时，人民币对美元和欧元的贬值对美国和欧元区消费者价格指数带来的影响。

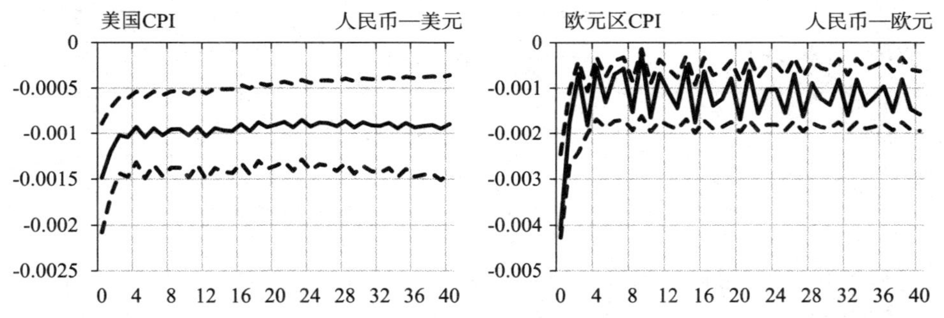

图 6-8　时变贸易权重矩阵下汇率冲击对美国和欧元区 CPI 的影响

对比图 6-4 和图 6-8 可以发现，使用时变贸易矩阵计算出来的结果也表明，储备货币汇率波动的价格效应具有非对称性。

综上所述，可以认为，本小节对储备货币汇率波动价格效应非对称性的检验结果是稳健的。

6.2　储备货币汇率波动利率效应的实证检验与分析

本节对储备货币汇率波动的利率效应进行检验。类似于前一节，下面首先对储备货币汇率波动利率效应的显著性和差异性进行检验，包括：储备货币汇率波动对一国的短期实际利率是否有显著影响，不同储备货币汇率波动的利率效应是否有差别以及储备货币和非储备货币汇率波动的利率效应是否有差别进行检验。随后对储备货币汇率波动利率效应的非对称性进行检验，即储备货币汇率波动的利率效应对储备货币国和非储备货币国是否有差异。

6.2.1 储备货币汇率波动的利率效应：实证结果与对比分析

1. 实证结果与分析

本小节依然主要以中国为例进行分析。图 6-9 是人民币分别相对美元和欧元汇率受到贬值冲击时，中国的短期实际利率变动趋势。

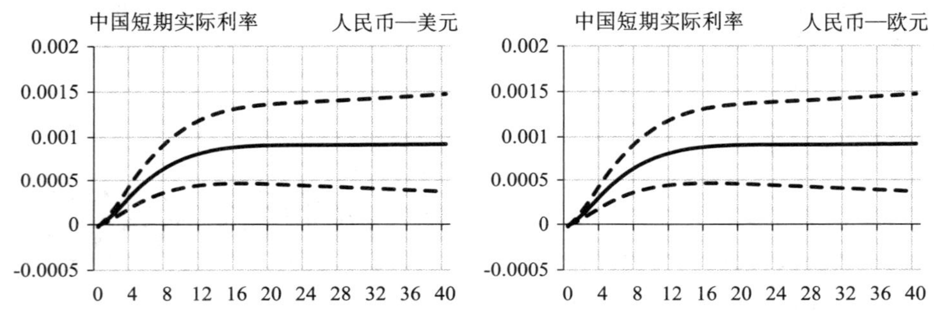

图 6-9 人民币对美元和欧元贬值时中国短期利率变动

从图 6-9 中可以得出以下两点结论：

第一，人民币相对美元和欧元汇率的贬值冲击对中国的短期实际利率有一定程度的影响。人民币对美元汇率受到 1 单位的贬值冲击时，中国的短期实际利率将上升约 0.092%；人民币对欧元汇率受到 1 单位的贬值冲击时，中国的短期实际利率将上升约 0.085%。

第二，人民币对美元和欧元汇率的贬值冲击对中国短期实际利率的影响程度差异不大，人民币对美元汇率的贬值冲击对中国短期实际利率带来的正向效应略微大于人民币对欧元汇率的贬值冲击所带来的正向效应。

在文献综述中提到，汇率冲击对一国实际利率的影响主要通过经常账户、资本账户、本外币资产转换等途径。因此，人民币对美元和欧元汇率的贬值冲击能够使中国的短期实际利率上升，主要是由于以下两个方面的原因：

第一，人民币对美元和欧元的贬值冲击能够促进中国出口而抑制中国进口。因此，人民币贬值使企业净出口上升，企业的外汇收入增加，在国内将外汇兑换成人民币时增加了对人民币的需求，从而造成短期利率的上升。

第二，人民币对美元和欧元汇率的贬值冲击对中国资本流动的影响较小。因此人民币的汇率冲击不会导致资本的大范围转移，不会在短期内对人民币的供求状况产生剧烈的冲击。人民币贬值的汇率冲击在长期会使中国资产价格上升，意味着资本流入中国，提高了对人民币的需求，从而提高了人民币的短期实际利率。

但是，人民币对美元和欧元的汇率冲击对中国短期实际利率的影响程度都十分微弱，均不足0.1%，并没有对中国的短期利率造成十分显著的影响。这与现有文献的研究结论是相符的，如刘一楠（2016）、潘锡泉等（2013）、王爱俭（2007）等。主要有以下四个方面的原因：

第一，在第4章GVAR模型的数据选取中提到，出于数据可得性的原因，模型中用各个国家的活期存款年利率作为短期利率来反映一个国家的资金供求状况。而中国的利率市场化改革直到2015年10月24日才放开对存款利率上限的管制。因此对中国来说，活期存款年利率并不能完全地反映中国货币市场的资金供求状况。

第二，自2011年起，中国外汇管理局才完全放弃强制结售汇制度。在一直采取的强制结售汇制度下我国企业和居民的外汇收入全部转换成了中央银行的外汇占款，导致人民币货币供应量随着持续的贸易顺差迅速上升。图6-10是2001~2016年中国进出口差额和外汇储备增速。可以看出，随着我国强制结售汇制度的逐步改革，我国外汇储备增速同进出口差额的相关性逐渐减弱。在强制结售汇制度时期，企业的外汇收入会导致国内货币供应量的上升，反而会使国内的短期实际利率下降。

第三，存款准备金率是我国央行的常用货币政策工具。张雪莹（2012）的实证研究表明，我国存款准备金率的变动对市场利率具有显著的影响。图6-11是我国2007~2016年的存款准备金调整状况，每个数据点都代表一次调整。在存款准备金率的频繁调整下，我国银行的一年期活期存款利率会受到政策性因素的强烈干扰，从而降低了人民币汇率冲击对中国短期实际利率的显著性。

第四，人民币对美元和欧元的贬值冲击能够提高中国的物价水平。实际利率是用名义利率除以物价指数来计算的，当物价水平上升时，实际利率就会下降。因此，人民币对美元和欧元的贬值冲击通过物价水平给中国短期实际利率带来的影响能够部分地抵消其通过贸易途径给中国短期实际利率带来的影响。在两种相反方向效应的作用下，美元和欧元的汇率冲击给中国短期实际利率带来的影响被削弱。

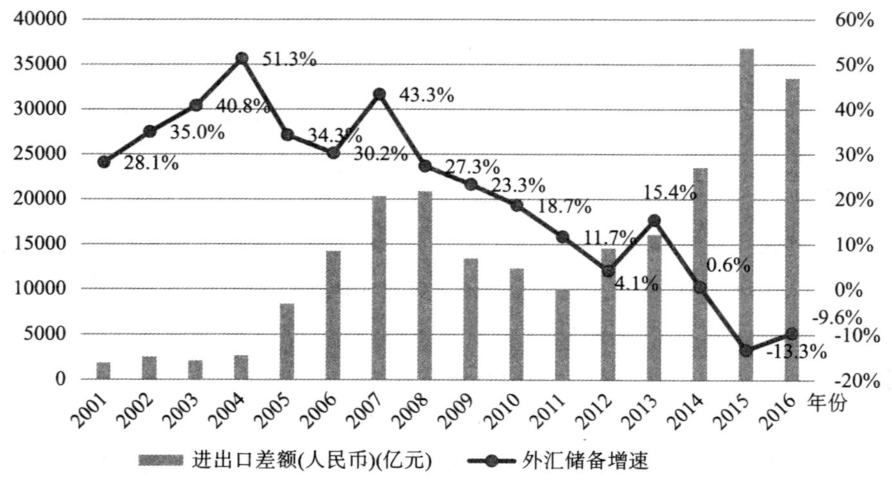

资料来源：国家统计局和外汇管理局。

图 6－10　2001～2016 年中国进出口差额和外汇储备增速

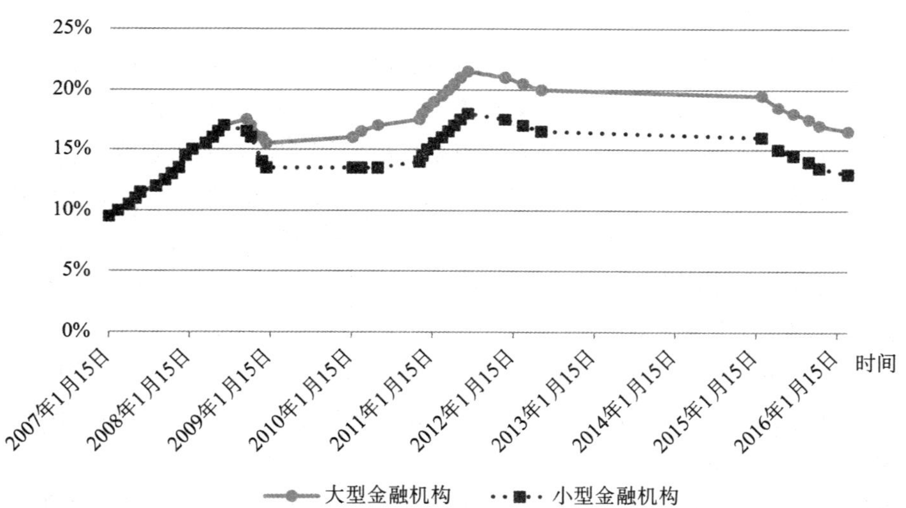

资料来源：东方财富网。

图 6－11　2007～2016 年中国存款准备金率调整状况

因此，人民币对美元和欧元汇率的贬值冲击能够在一定程度上对中国的短期实际利率造成影响，但影响程度极为有限。

接下来对储备货币汇率波动利率效应的差异性进行分析。依然以韩国为例。图 6－12 是人民币对韩元贬值时，中国短期实际利率的变动状况。

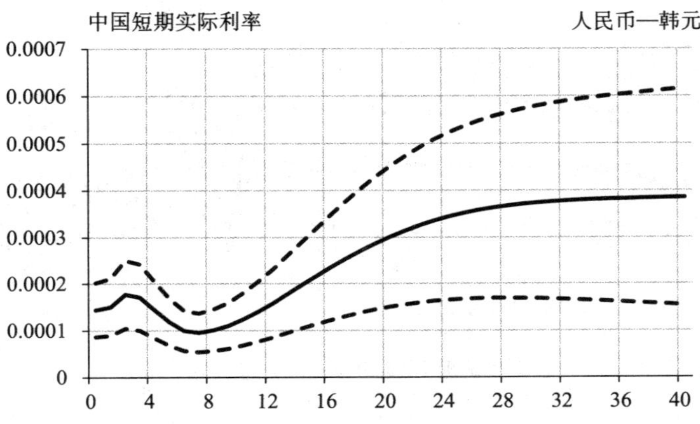

图 6－12　人民币对韩元贬值时中国短期实际利率的变动

从图 6－12 中可以看出，当人民币对韩元的汇率受到 1 单位的贬值冲击时，中国的短期实际利率会上升约 0.04%。韩元汇率波动的利率效应略低于美元和欧元汇率波动的利率效应，但由于这三种货币汇率波动的利率效应都十分有限，因此，可以认为储备货币和非储备货币汇率波动对中国的利率效应是基本没有差别的，影响程度都比较小。

这也进一步说明了中国在 1999～2016 年期间中国利率政策、外汇管理制度，以及资本账户有限开放等政策性因素导致了人民币汇率波动对中国的利率效应并不显著。

2. 稳健性检验

由于本小节的结论受中国政策环境的影响较大，具有很强烈的国别特点，因此在稳健性检验中仅对贸易权重矩阵的稳健性进行检验。图 6－13 是采用时变贸易矩阵计算出的人民币汇率冲击对中国短期实际利率的变动状况。

从图 6－13 中可以看出，采用时变贸易矩阵计算的各国货币汇率冲击对中国短期实际利率的影响结论与前面基本一致，即人民币对美元、欧元和韩元的贬值冲击均会在一定程度上导致中国的短期实际利率上升，但影响程度极为有限；而且作为储备货币的美元和欧元汇率波动对中国的利率效应与非储备货币韩元汇率波动对中国的利率效应并没有很大差异。

因此，可以认为本小节所得出的结论是稳健的。储备货币汇率波动对中国的利率效应受到中国政策环境的很大影响，同样对于其他国家来说，由于每个国家的政策环境、经济和金融发展状况等因素各不相同，储备货币汇率波动对

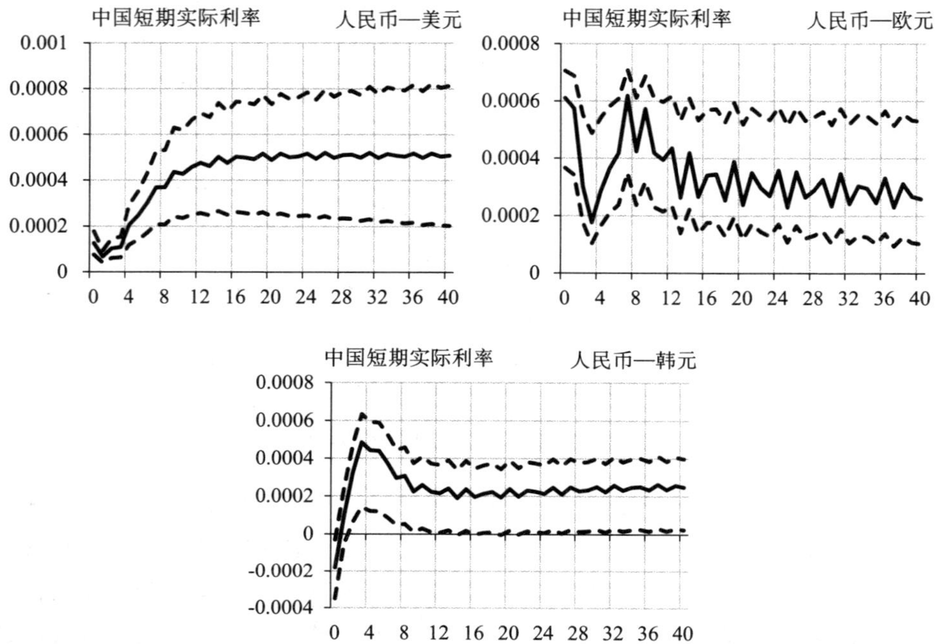

图 6－13　采用时变贸易矩阵时各国货币汇率冲击对中国短期实际利率的变动状况

各个国家的利率效应也必然各不相同，不会有统一的结论。此处不再针对其他国家一一展开讨论。

6.2.2　储备货币汇率波动利率效应的非对称性

1. 实证结果与分析

接下来对储备货币汇率波动利率效应的非对称性进行分析。图 6－14 是人民币对美元和欧元的汇率受到贬值冲击时，美国和欧元区国家的短期实际利率变动趋势。

从图 6－14 中可以看出，人民币对美元和欧元的贬值冲击对美国和欧元区的短期实际利率影响变动较为复杂，且不显著。因此，可以认为人民币相对美元和欧元的贬值冲击对美国和欧元区的短期实际利率能够造成一定的影响，但影响程度并不显著。这与黄宪等（2016）的研究结论是相符的。主要原因有以下三点：

第一，人民币对美元和欧元的汇率冲击对美国和欧元区的资本流动状况影响极为有限。影响国际资本流动的首要因素是收益，利率平价理论是国际资本

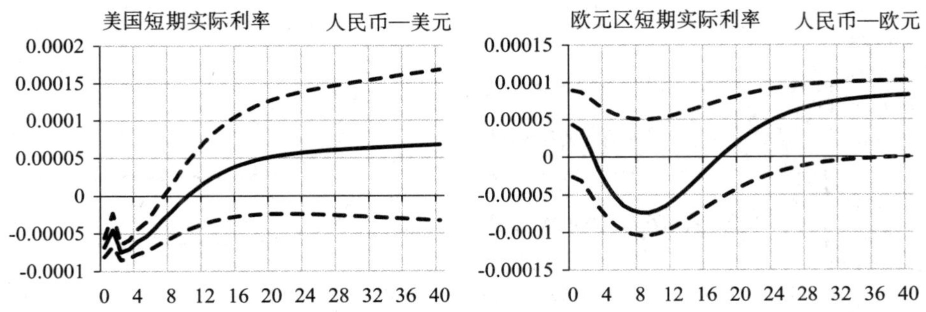

图 6－14 人民币对美元和欧元贬值时美国和欧元区的短期实际利率变动趋势

进行套利行为的基本准则。国际资本会自发从收益率低的地区转移到收益高的地区，汇率波动风险对套利行为的调节功能被种类繁多的跨期金融工具所控制，加剧了国际资本对收益率的追求。因此，决定美国和欧元区资本流动的根本原因是利率水平，而不是汇率冲击。因此，人民币对美元和欧元的汇率冲击难以通过资本流动途径对美国和欧元区的短期实际利率造成影响。

第二，美国和欧元区的短期实际利率水平主要取决于资金的供求状况，而影响美元和欧元供求状况的因素众多。人民币对美元和欧元的汇率冲击只是众多因素中的一种，且人民币在国际货币体系中的地位虽有所上升，但与美元和欧元仍有很大的差距。所以，人民币对美元和欧元的汇率冲击虽然在一定程度上能够对美元与欧元的供求状况造成影响，但依然难以对其带来很大的影响。

第三，人民币对美元和欧元的汇率冲击会从多种途径给美国和欧元区的短期实际利率造成影响，且这些影响的程度大小不同，方向也不一致。人民币的汇率冲击对美国和欧元区短期实际利率的影响由这些不同的途径共同决定，所以最终的影响程度较小，且变动较为复杂。

综合 6.2.1 节和 6.2.2 节的实证结果可知，储备货币汇率波动利率效应并没有显著的非对称性，人民币对美元和欧元汇率的贬值冲击对中国、美国和欧元区的短期实际利率能够造成一定的影响，但影响程度都非常有限。

2. 稳健性检验

下面对储备货币汇率波动利率效应的非对称性进行稳健性检验。同前一小节，此处的稳健性检验部分主要对实证结果关于贸易权重矩阵的稳健性进行检验。图 6－15 是用时变贸易权重矩阵计算出的人民币对美元和欧元汇率贬值时，美国和欧元区的短期实际利率变动。

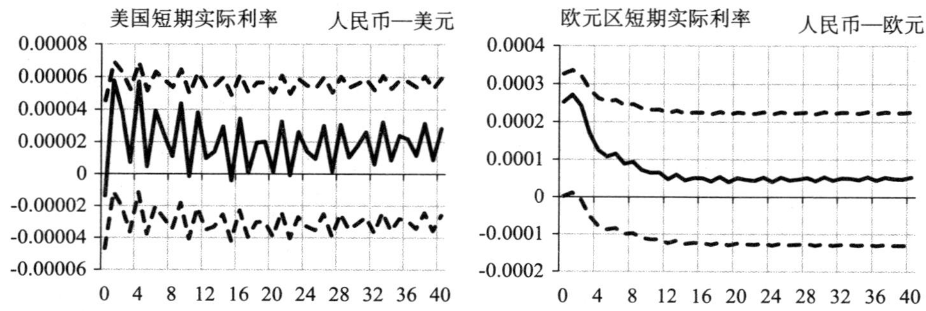

图 6－15　用时变贸易权重矩阵计算出的人民币贬值时美国和欧元区的短期实际利率变动

从图 6－15 中可以看出，人民币对美元和欧元汇率的贬值冲击对美国和欧元区的短期实际利率造成的影响是十分有限的。该结论与图 6－14 相一致。因此可以认为，对储备货币汇率波动利率效应非对称性的实证结果对贸易权重矩阵是稳健的。

6.3　储备货币汇率波动估值效应的实证检验与分析

本节对储备货币汇率波动的估值进行检验。类似于前一节，首先对储备货币汇率波动估值效应的显著性和差异性进行检验，包括：储备货币汇率波动对一国净国际投资头寸的估值效应是否显著，不同储备货币汇率波动的估值效应是否有差别以及储备货币和非储备货币汇率波动的估值效应是否有差别。随后对储备货币汇率波动估值效应的非对称性进行检验，即储备货币汇率波动的估值效应对储备货币国和非储备货币国是否有差异。

6.3.1　储备货币汇率波动的估值效应：实证结果与对比分析

1. 实证结果与分析

本小节依然主要以中国为例进行分析。图 6－16 是人民币分别相对美元和欧元汇率受到贬值冲击时，中国的净国际投资头寸变动趋势。

从图 6－16 中可以得出以下两点结论：

第一，人民币相对美元和欧元汇率的贬值冲击对中国的净国际投资头寸有显著的影响。人民币对美元汇率受到 1 单位的贬值冲击时，中国的净国际投资

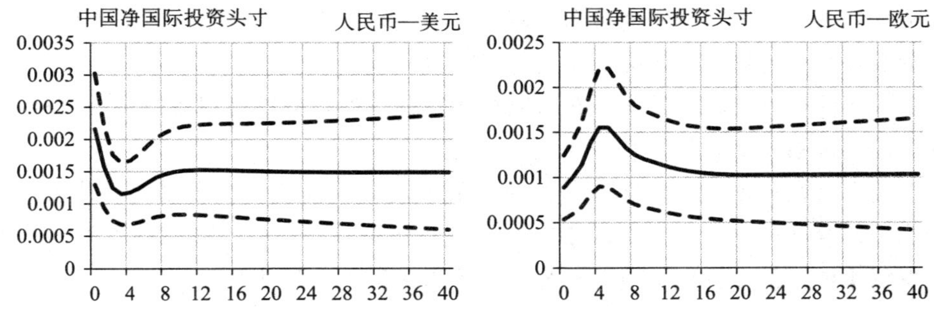

图 6－16　人民币分别相对美元和欧元贬值时中国的净国际投资头寸变动趋势

头寸将上升约 0. 15%；人民币对欧元汇率受到 1 单位的贬值冲击时，中国的净国际投资头寸将上升约 0. 10%。该实证结果与现有文献的研究结论是相符的，如王博等（2013）、肖立晟等（2013）、贺利平等（2015）。

第二，人民币对美元和欧元汇率的贬值冲击对中国净国际投资头寸的影响程度差异不大，人民币对美元汇率的贬值冲击对中国净国际投资头寸的正向效应略大于人民币对欧元汇率的贬值冲击所带来的正向效应。

汇率冲击估值效应包括两个方面：一方面汇率冲击会影响对外资产的估值，另一方面会影响对外负债的估值。人民币对美元和欧元的贬值冲击能够显著地提高中国净国际投资头寸，主要有以下两个方面的原因：

第一，中国的对外资产绝大部分以外币计价（贺力平等，2011）。因为当前国际货币体系中美元和欧元是主要的计价与结算货币，所以在国际市场上进行投资时使用的主要货币也是美元和欧元。自然的，中国所持有的对外资产是以美元和欧元为主要计价货币的。人民币对美元或欧元的贬值冲击对这些以外币计价的资产折合成美元的估值几乎没有影响。所以，人民币对美元或欧元的汇率冲击对中国的对外资产影响很小。

第二，中国对外负债的计价货币以人民币为主。贺力平等（2011）测算出中国对外负债中约有 70% 是以人民币计价的。当人民币对美元或欧元的汇率受到贬值冲击时，中国对外负债以人民币计价的部分，其以人民币计价的估值并不会改变，但以美元计价的估值则会下降。因此，人民币汇率贬值冲击降低了中国对外负债的美元估值，从而使中国的净国际投资头寸上升。

第三，人民币汇率对美元和欧元的贬值冲击对中国对外资产与对外负债规模会产生一定的影响。例如人民币汇率发生贬值时，会增加中国的净出口，从而增加了中国的外汇收入，提高了中国的外汇储备规模，进而使中国的对外资产规模增加；或者人民币汇率发生贬值时，会使国外资本由于人民币贬值预期而撤回国外，从而降低了对外负债规模。人民币汇率冲击对中国的对外资产和对外负债规模的影响是十分复杂的，难以进行具体的估算。但也不能忽视人民币相对美元或欧元汇率冲击通过改变中国对外资产与对外负债规模这个途径对中国净国际投资头寸的影响。

而欧元汇率波动对中国的估值效应低于美元汇率波动对中国的估值效应，则是上述众多因素综合变现的结果，难以进行具体的估算和分析。因此，不同储备货币汇率波动估值效应的差异性也难以进行定性的估算与分析。

下面考察储备货币汇率波动估值效应与非储备货币汇率波动估值效应的差异性。图 6－17 是人民币对韩元贬值时，中国净对外投资头寸的变动趋势。

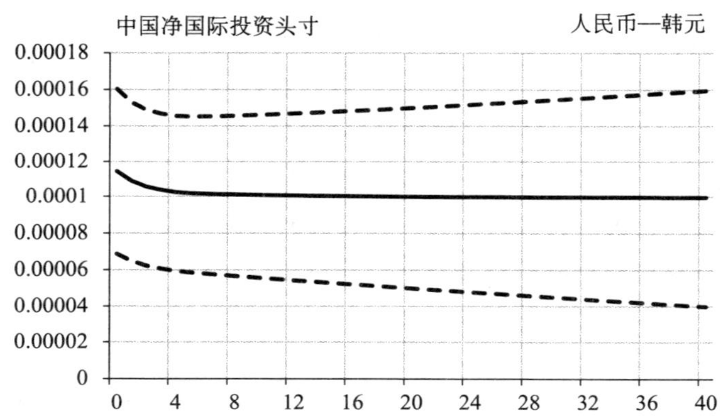

图 6－17　人民币对韩元贬值时中国净对外投资头寸的变动趋势

从图 6－17 中可以看出，人民币对韩元汇率贬值对中国的对外净投资头寸影响很小，约 0.01%。这是因为：

第一，人民币对韩元的汇率冲击对中国对外资产的美元估值几乎没有影响。前面提到，中国对外资产的美元估值大多是以美元或欧元计价的，人民币对韩元的汇率波动并不会对这些对外资产的美元估值造成影响。即使中国对外占款中以韩元计价的部分，其美元估值也只会受到韩元对美元汇率波动的影响，而不会受到人民币对韩元汇率波动的影响。

第二，人民币对韩元的汇率冲击对中国对外负债的美元估值也几乎没有影响。其机理和第一点类似。

第三，人民币对韩元的汇率冲击会通过改变贸易状况、资本流动状况等途径对中国对外资产和对外负债的规模造成影响，但这些途径是十分复杂的，而且方面各不相同，往往会出现相互抵消的现象。且人民币对韩元的汇率波动对中国各个方面的影响比人民币对美元和欧元汇率冲击对中国的影响都要低。所以人民币对韩元汇率的波动对中国对外资产与对外负债规模的影响也很小。

综合以上三个方面可知，人民币对韩元的汇率冲击对中国的估值效应是非常小的。即，储备货币汇率波动的估值效应要显著高于非储备货币。

2. 稳健性检验

接下来对上述实证结果进行稳健性检验。稳健性检验包括两个部分：对国别稳健型进行检验，和对权重矩阵进行稳健性检验。

首先进行国别稳健性检验，依然以韩国为例。图 6－18 是韩元对美元、欧元和人民币的汇率受到贬值冲击时，韩国的净国际投资头寸变动趋势。

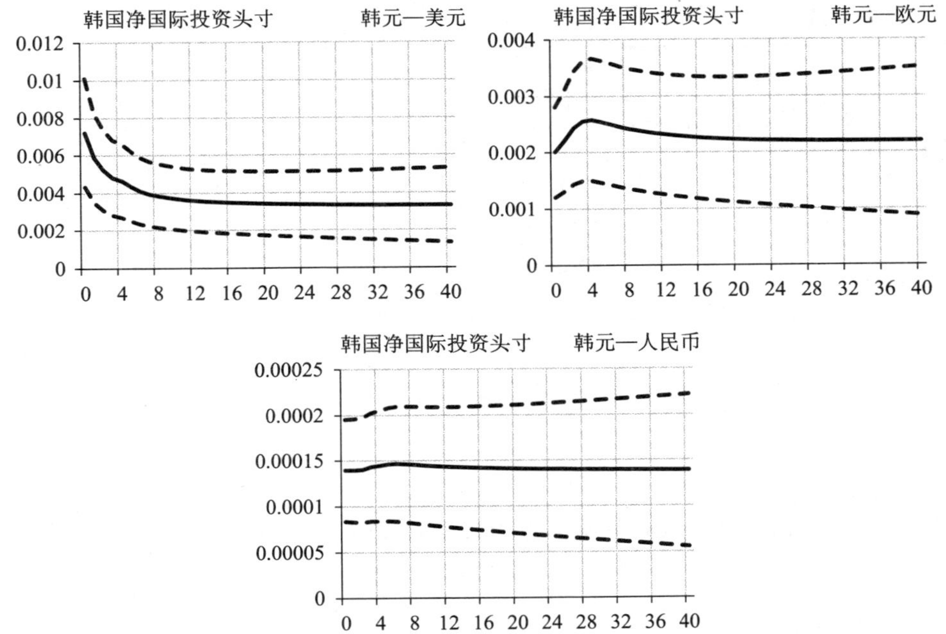

图 6－18　韩元对美元、欧元和人民币的汇率贬值时韩国的净国际投资头寸变动

从图 6－18 中可以得到与前面类似的结论：

第一，韩元相对美元和欧元汇率的贬值冲击对韩国的净国际投资头寸有显著的影响。韩元对美元汇率受到 1 单位的贬值冲击时，韩国的净国际投资头寸将上升约 0. 32%；韩元对欧元汇率受到 1 单位的贬值冲击时，韩国的净国际投资头寸将上升约 0. 22%。

第二，韩元对人民币汇率波动对韩国净国际投资的影响非常小。

这表明，前面对储备货币汇率波动估值效应的显著性与差异性分析是国别稳健的。

值得注意的是，美元和欧元汇率波动对韩国的估值效应略高于对中国的估值效应（见表6－6）。这是因为中韩两国的净国际投资构成不同。图6－19是中韩两国净国际投资中的资产负债比，可知中国的对外资产负债比要高于韩国，意味着与中国相比，韩国的对外债务比重高，对外资产比重少。那么，结合净国际投资变动率的计算方法：

表6－6　　美元和欧元汇率波动对中国与韩国的估值效应

货币	对中国的估值效应	对韩国的估值效应
美元	0.15%	0.33%
欧元	0.10%	0.22%

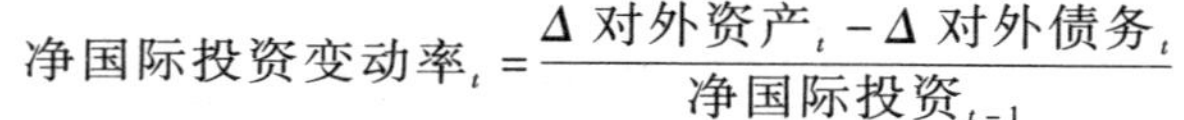

$$\text{净国际投资变动率}_t = \frac{\Delta\text{对外资产}_t - \Delta\text{对外债务}_t}{\text{净国际投资}_{t-1}}$$

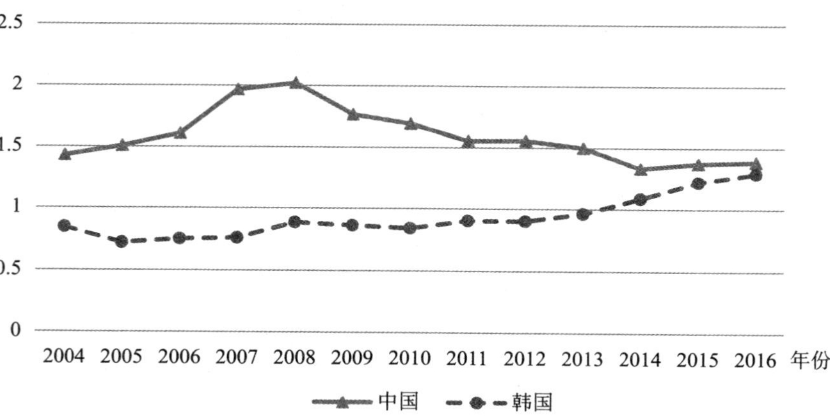

资料来源：IMF数据库。

图6－19　2004～2016年中国和韩国对外资产负债比

可知，由于韩国对外债务的占比相对较高，那么储备货币汇率波动对韩国对外债务估值所带来的变动在净国际投资中也会有较高的占比。因此，美元和欧元汇率波动对韩国的估值效应会略高于对中国的估值效应。

接下来对前面结论的对贸易权重稳健性进行检验。图6－19是在时变贸易权重矩阵下，人民币对美元、欧元和韩元的汇率贬值给中国净国际投资头寸所带来的影响。对比图6－20、图6－16和图6－17可以发现，在时变贸易矩阵下前面所得出的结论依然成立，可以认为这些结论对不同的贸易权重矩阵是稳健的。

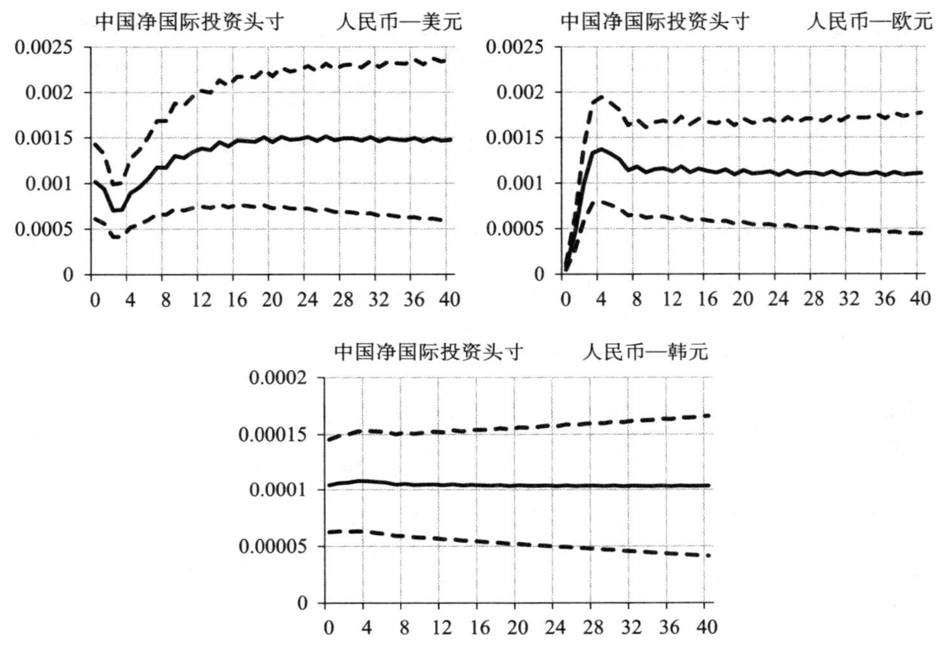

图 6－20 时变贸易矩阵下美元、欧元和韩元汇率波动对中国的估值效应

6.3.2 储备货币汇率波动估值效应的非对称性

1. 实证结果与分析

接下来对储备货币汇率波动估值效应的非对称性进行分析。图 6－21 是人民币对美元和欧元汇率受到贬值冲击时，美国与欧元区的净国际投资头寸变动状况。

从图 6－21 中可以看出，当人民币对美元和欧元的汇率冲击对美国和欧元区的净国际投资头寸影响较为复杂，并不显著。主要有以下几个原因：

第一，人民币对美元或欧元汇率的贬值冲击对美国或欧元区的对外资产影响很小。根据美联储披露的美国金融账户中对美国国外长期证券的国别投资组合的数据，可以计算出美国所持有的中国长期证券在所有美国国外的长期证券占比，并以此数据作为美国对外资产中以人民币计价各资产占比（见

图6－22）。

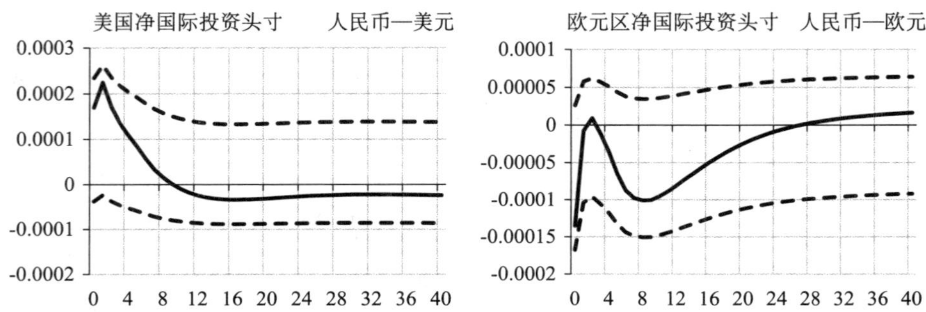

图6－21　人民币对美元和欧元贬值时美国和欧元区净国际投资头寸变动

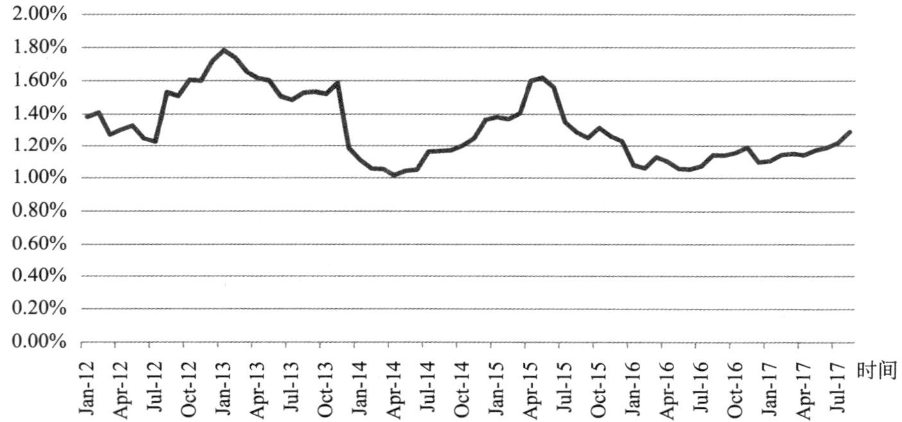

资料来源：美联储①。

图6－22　美国所持有的中国长期证券在所有美国国外的长期证券占比

可以看出，美国对外资产中所持有的中国长期证券占所有外国长期证券的比重约为1%～1.8%。人民币对美元汇率的波动只会对美国对外资产中以人民币计价部分的美元估值造成影响，也就是这1%～1.8%的部分。因此，人民币对美元汇率的波动对美国的对外资产估值影响很小。

对于欧元区来说，虽然欧洲央行没有统计这一数据，欧元区各个国家的央行也没有对这个数据进行披露，但欧元区所持有的人民币计价的欧元区国外资产占比应该与美国相差不大。所以，人民币对欧元汇率的波动对欧元区的对外

① 网址：https：//www.federalreserve.gov/releases/efa/efa－project－international－portfolio－investment.htm。截止论文写作时，数据更新至2017年8月。

资产估值影响也较小。

第二，人民币对美元或欧元汇率的波动对美国或欧元区的对外负债也几乎没有影响。贺力平等（2011）估算出美国的对外负债中约有95%以美元计价。人民币对美元汇率的波动并不会对以美元计价资产的美元估值造成影响。因此，人民币对美元的汇率冲击对美国的对外负债几乎没有影响。同样的，人民币对欧元汇率的波动对欧元区的对外负债也几乎没有影响。

第三，人民币对美元或欧元汇率冲击还可以通过影响资本流动的方法对美国或欧元区的净国外资产造成的影响。但在前文中对该问题中得出结论，人民币对美元或欧元的汇率冲击对中国的资本流动影响并不显著。

结合以上三点可知，人民币对美元或欧元汇率冲击难以显著地改变美国或欧元区的净国外投资头寸。所以，储备货币汇率波动的估值效应具有非对称性，即储备货币汇率波动对储备货币国的估值效应小于对非储备货币国的估值效应。

2. 稳健性检验

首先对储备货币汇率波动估值效应的非对称性进行国别稳健性检验。依然以韩国为例。图6－23是韩元对美元或欧元汇率贬值时，美国和欧元区的净国外投资头寸变动状况。从图6－23中可以看出，韩元对美元和欧元汇率冲击对美国和欧元区的净国外投资头寸的影响也不显著。这表明，储备货币汇率波动估值效的非对称性结论是国别稳健的。

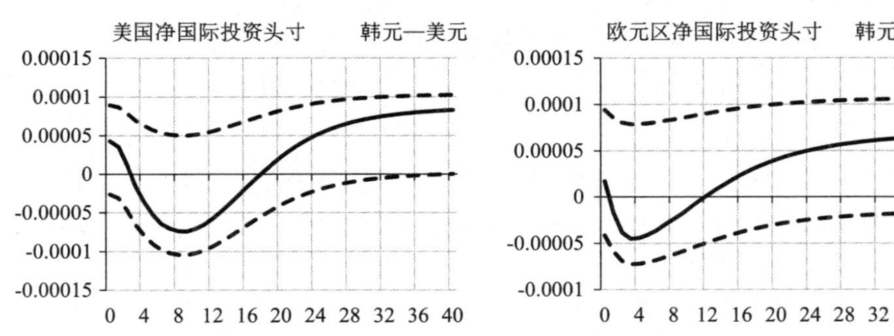

图6－23 韩元对美元和欧元贬值时美国和欧元区净国际投资头寸的变动

下面对储备货币汇率波动估值效应的非对称性进行贸易权重矩阵的稳健性检验。图6－24是使用时变贸易矩阵计算出来的储备货币汇率波动对美国和欧元区的估值效应。从图6－24中可知，储备货币汇率波动估值效的非对称性结论对不同的贸易权重矩阵也是稳健的。

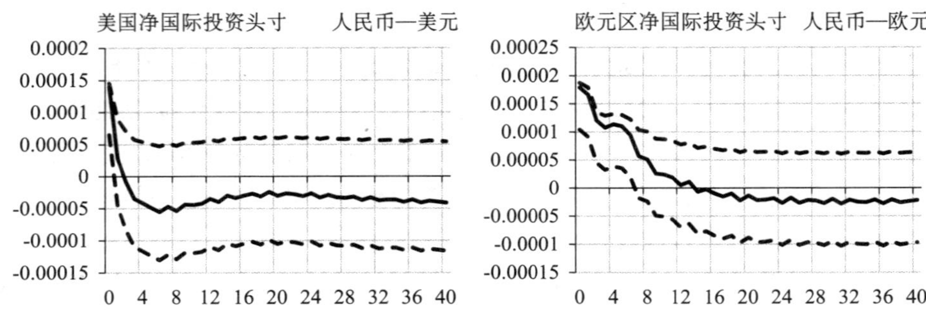

图 6－24 使用时变贸易矩阵计算出来的储备货币汇率波动对美国和欧元区的估值效应

综上所述，可以认为，本小节所得出的储备货币汇率波动估值效的非对称性的结论是稳健的。

6.4 本章小结

本章利用第 4 章所构建的 GVAR 模型计算结果对储备货币汇率波动的金融效应进行了实证检验和分析。主要结论有以下几点：

第一，美元和欧元的汇率波动对中国和韩国具有显著的价格效应，且显著高于人民币汇率波动对韩国的价格效应和韩元汇率波动对中国的价格效应。同时，美元和欧元汇率波动对中国和韩国的价格效应也具有差异。

第二，美元和欧元汇率波动的价格效应具有显著的非对称性，即其对美国和欧元区消费者价格指数的影响显著低于其对中国和韩国消费者价格指数的影响。

第三，美元和欧元汇率波动对中国的短期实际利率有一定程度上的影响，但影响较小；且美元、欧元以及韩元汇率波动对中国的利率效应差异也较小。

第四，美元和欧元汇率波动的利率效应并没有显著的非对称性，因为其对中国短期实际利率的影响以及其对美国和欧元区短期实际利率的影响都较小。

第五，美元和欧元汇率波动对中国和韩国有较为显著的估值效应，且对中国的估值效应小于对韩国的估值效应。同时，韩元汇率波动对中国的估值效应、人民币汇率波动对韩国的估值效应远小于储备货币汇率波动给中国和韩国的估值效应。

第六，美元和欧元汇率波动的估值效应具有显著的非对称性，即其对中国和韩国的估值效应远高于其对美国和欧元区的估值效应。

以上几点结论通过了国别稳健性检验和时变贸易权重矩阵的稳健性检验。在文中也对各个结论进行了分析。

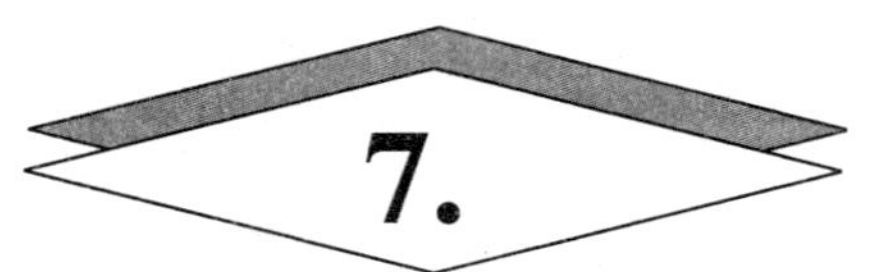

7. 结论与政策建议

7.1 本书的主要研究结论

本书紧紧围绕储备货币的汇率波动效应，使用历史的角度、理论的方法和实证的检验对储备货币汇率波动对各经济体的影响进行了研究。首先从历史的角度对不同国际货币体系下的储备货币汇率波动效应进行了梳理，通过对比分析来理解国际货币体系更替的内在逻辑，并从中找到储备货币汇率波动效应的发展轨迹。随后对储备货币汇率波动效应进行了理论分析。主要围绕储备货币汇率波动效应的显著性、差异性和非对称性展开。随后，构建了一个包含 26 个经济体多达 12 个经济变量的 GVAR 模型对储备货币汇率波动效应的显著性、差异性和非对称性进行实证检验。本书的主要结论有以下几点：

第一，通过对古典金本位制、布雷顿森林体系和当代国际货币体系制度下的储备货币汇率波动效应进行的历史考察，分别探讨了三种不同历史时期国际货币体系的特点、储备货币体系、储备货币汇率波动的特点和储备货币汇率波动的影响四个问题。通过历史比较研究发现，随着国际货币体系的历史变迁，储备货币汇率的波动性逐渐增强，汇率波动的外部影响也逐渐增大。同时随着对储备货币发行的硬约束逐步减弱乃至名存实亡，储备货币发行的稳定性日益下降。这导致了当代国际货币体系下储备货币的汇率波动更加频繁、波动的幅度更加剧烈。同时随着技术的进步和全球经济联系日益紧密，储备货币的汇率波动对各经济体的影响也更大更广泛。因此，对储备货币汇率波动效应进行深入研究就更加必要。

第二，在储备货币汇率波动效应的理论分析部分，本书将储备货币的汇率波动效应划分为“实体效应”和“金融效应”两个部分，前者包含贸易效应和产出效应，后者包括价格效应、利率效应和估值效应。理论分析表明，储备货币的汇率波动效应一般具有显著的差异性，即储备货币汇率波动所带来的影响大于非储备货币汇率波动所带来的影响。同时，储备货币汇率波动效应也具有非对称性，即储备货币汇率波动对储备货币国的影响小于对非储备货币国的影响。理论分析的结果在后文中一一进行了实证检验和深入分析。

第三，对储备货币汇率波动贸易效应的实证检验发现，储备货币汇率波动的贸易效应具有显著性、差异性和非对称性的特征。主要受到利率价格传递效应的差异、贸易权重、贸易总额、结算货币等因素的影响。该结论通过了稳健性检验。

第四，对储备货币汇率波动产出效应的实证检验发现，储备货币汇率波动的产出效应具有显著性、差异性和非对称性的特征。主要是由贸易和资本流动对汇率变动敏感度差异、贸易依存度差异、资本账户开放程度差异等因素导致的。该结论也通过了稳健性检验。

第五，对储备货币汇率波动价格效应的实证检验发现，储备货币汇率波动的价格效应具有显著性、差异性和非对称性的特征。主要受到利率价格传导差异、货币政策独立性、储备货币的结算货币地位以及汇率制度差异的影响。该结论通过了稳健性检验。

第六，对储备货币汇率波动利率效应的实证检验发现，储备货币汇率波动的利率效应是有限的，也不具有显著的差异性和非对称性。这是由制度因素、政策因素等国别因素所导致的。该结论对不同的国家差异性较大。

第七，对储备货币汇率波动估值效应的实证检验发现，储备货币汇率波动的估值效应具有显著性、差异性和非对称性的特征。这是由于货币地位的差异、对外资产和对外负债币种结构的差异所导致的。该结论通过了稳健性检验。

7.2 有效应对储备货币汇率波动效应的政策建议

本书的研究结论表明，在当代国际货币体系中储备货币的汇率波动会给非储备货币国带来显著的影响。储备货币国经济运行中出现的波动与风险可以有效地通过其货币汇率波动传导至世界各国，将国内风险转嫁至广大非储备货币国。各非储备货币国家处于被动地位，需要积极寻求有效应对储备货币汇率波动所带来不确定性的方法。根据本书的研究结论，对我国有效应对储备货币汇率波动效应可以提出以下几点建议：

7.2.1 推进供给侧改革，打造“中国品牌”，拓宽海外市场

推进供给侧改革，打造“中国品牌”，以提高本国商品与服务在国际市场中的竞争优势；同时拓宽海外市场，增加出口流向，以弱化储备货币汇率波动导致本国商品与服务价格变动进而对本国商品出口的影响。本书研究表明，储备货币汇率波动对非储备货币国的出口有显著的影响，人民币汇率波动对我国的对外贸易有较大的影响。只有提高我国商品在国际市场上的竞争力，拓宽海外市场，才能够在一定程度上弱化汇率波动所带来的影响。具体而言，主要包括以下两个方面：

（1）推进供给侧改革，转变我国出口商品结构，提高出口商品的科技含量，增强出口商品的国际竞争力。研究表明，我国出口商品的国际竞争力较弱，仍然以劳动密集型商品为主，技术含量和附加值较低，出口额受人民币汇率波动影响较大（潘家栋，2017）。我国要继续推进供给侧改革，大力扶持新兴产业、高科技产业，提高传统产业的技术水平和产品质量，打造中国品牌，进而提升我国出口商品的国际竞争力。只有具备了一定的国际竞争力的商品，才能在国际市场上占据一席之地，具有一定的自主定价权，从而弱化储备货币汇率波动对我国出口的影响。

（2）借力“一带一路”，推广“中国品牌”，拓宽海外市场。本书数据表明，我国目前出口流向仍然较为集中，对美国、欧元区、日本和韩国四个国家和地区的出口额占我国出口额的60%以上。出口流向过于集中，使我国的出口面临较大的政策风险和汇率风险：一方面，美国、欧元区的反倾销或者关税壁垒政策使我国出口企业面临极大的政策不确定性；另一方面，同美元和欧元区的贸易以美元和欧元为主进行定价、结算，在强势的储备货币面前人民币的国际结算功能难以实现，使我国的出口企业面临较大的汇率风险。因此我国政府和企业要借助“一带一路”倡议，积极寻求同广大非储备货币国的合作和贸易往来，拓宽我国出口商品流向，降低我国出口所面临的海外政策风险；同时可以推广人民币在国际商品计价和结算中的使用范围，有效降低汇率风险。

7.2.2 完善金融市场，丰富金融工具，规避汇率风险

发展完善金融市场，丰富金融工具种类，给我国企业提供多种途径的避险工具，减少汇率波动的不确定性风险。本书研究表明，在当前国际货币体系中人民币依然处于弱势地位，人民币汇率会受到多种外来冲击的影响。发达的金融市场是外部风险最好的缓冲，给我国企业的经营、经济的平稳运行提供坚实的保障。具体而言，主要包括以下两个方面：

（1）发展完善金融市场，提高我国金融体系抵御外来风险的能力。研究表明，我国目前金融体系以银行为主，结构较为单一，较易受到外来风险的影响（顾月，2017）。而完善的金融市场体系以及更加合理的金融运作机制能够有效提升我国金融体系应对外来风险的能力。因此我国要继续推进金融体系改革，建立更加完善和高效的金融制度，提高风险应对能力；同时要建立有效的金融风险预警机制，及时识别储备货币汇率风险，从而能够进行有效应对。

（2）丰富金融工具种类，为我国企业规避汇率风险提供更多的选择。目前我国外贸企业规避汇率风险的方法较为单一，主要通过外汇远期的买卖来进行风险规避。这种需要全额交易的、笨重的风险规避工具对企业的资金周转有较大的压力，不利于企业的进一步发展。因此我国要继续发展完善金融市场，丰富金融工具种类，为我国出口企业提供更多灵活的风险规避工具，如外汇期权等衍生工具。并推广出口信用保险等预防汇率风险的保险产品，帮助我国企业有效的规避汇率风险。

7.2.3 以人民币“入篮”为契机，积极推进人民币国际化

本书数据表明，尽管人民币被纳入了特别提款权的货币篮子，但人民币的国际化程度仍然较低，在国际货币体系中的地位与美元、欧元等主要的国际货币相差甚远，在国际贸易的计价和结算中使用范围仍然极为有限。同时本书的研究还表明，储备货币的汇率波动效应具有较为显著的非对称性，美国、欧元区利用其特有的国际储备货币发行权将本国的经济压力和金融风险向国外转嫁，广大非储备货币国处于被动的劣势地位。因此，我国要继续积极推进人民币国际化，提升人民币在国际货币体系的地位，积极寻求区域合作，降低汇率波动对我国经济运行的影响。具体而言，主要有以下两点：

（1）积极推进人民币国际化，提升人民币的国际地位。将人民币变成真正的国际储备货币是应对储备货币汇率风险最为有效的手段。人民币加入 SDR

货币篮子是对人民币国际地位的肯定，也对我国推进人民币国际化的工作提出了更高要求。但人民币在国际储备、计价和结算中的使用比例仍然较低，需要我国政府继续寻求国际合作，努力提升人民币的使用范围，提升人民币的国际影响力。持续推进人民币的国际化进程，可以有效降低储备货币汇率波动对人民币的影响，防止储备货币国利用储备货币将其风险转移至国内。

（2）积极寻求国际合作，建立国际政策协调机制。储备货币汇率风险与储备货币的政策不确定性息息相关。因此要加强同储备货币国的政策交流，了解其政策动向，及时推出有效的应对政策，减少储备货币国政策外溢的影响；另一方面要积极展开区域合作，建立区域政策协调常态化的合作机制，增强互信，共同抵御储备货币汇率的波动风险。

7.2.4 积极参与国际货币体系建设，努力推进国际货币体系改革

本书的研究表明，当前以主权货币为主要储备货币的国际货币体系存在极大的不均衡、不对称现象，主要国际储备货币的汇率波动效应具有显著的差异性和非对称性。所以我国要积极参与国际货币体系建设，努力发展多元化的国际货币体系，降低主权货币在国际货币体系中的影响力，构建以超主权货币为主的国际货币体系。具体而言，主要有以下两点：

（1）积极参与国际货币体系建设，努力发展多元化的国际货币体系。尽管当前国际结算中欧元与美元的地位相近，但作为石油等资源品主要计价货币的美元依然是当前最为重要的国际货币，国际货币体系的稳定性深受美国政策的影响。因此我国要积极参与国际货币体系的建设，逐步转变美元一家独大的局面，推进国际货币体系向多元化方向发展，形成多种货币相互竞争的国际货币格局，减少美国政策变动对国际货币体系的影响，提高国际货币体系的稳定性。

（2）努力推进国际货币体系改革，构建以超主权货币为主的国际货币体系。当前国际货币体系所具有问题的根源之一是以主权货币作为国际储备货币，导致了当前国际货币体系的不均衡、不对称。本书的历史研究表明，在古典金本位制时期，尽管当时的国际货币体系也存在诸多问题，但以黄金为主的国际货币体系的稳定性远远高于当代国际货币体系。因此，要以构建超主权货币的国际货币体系为目标，努力推进国际货币体系改革，逐步减少主权货币对国际货币体系的影响，保持国际货币体系的稳定，从而保证全球经济的平稳运行。

7.3 未来进一步的研究方向

本书主要有以下几点的不足，同时也是未来进一步研究的方向：

第一，本书构建的GVAR模型中使用贸易权重作为计算 VARX* 的权重矩阵。这是当前最广泛采用的方法，但它突出了国家之间的贸易关系，却忽视了国家之间的资本往来。在未来的研究中，可以尝试寻找能够更加全面反映各国家之间相互关联的权重矩阵。

第二，本书的理论分析缺乏理论模型的论证。在未来的研究中可以尝试构建一个能够反映储备货币汇率波动差异性与非对称性的数学模型，对储备货币汇率波动效应进行严谨的证明。

第三，受限于数据可得性，本书实证检验中所使用的数据仍不能真实地反映各国经济运行状况，导致实证结果难以对储备货币的汇率波动效应进行更加深入的挖掘。在未来的研究中，可以注意收集整理数据，适当调整模型中的变量，逐步增加模型中国家的数量，以更加全面地反映全球经济的运行。

参考文献

[1] Agénor P. A Monetary Model of the Parallel Market for Foreign Exchange [J]. Journal of Economic Studies, 1991, 18 (18): 4 - 18.

[2] Aizenman J, Binici M, Hutchison M M. The transmission of Federal Reserve tapering news to emerging financial markets [R]. National Bureau of Economic Research, 2014.

[3] Aron J, Macdonald R, Muellbauer J. Exchange rate pass-through in developing and emerging markets: A survey of conceptual, methodological and policy issues, and selected empirical findings [J]. Journal of Development Studies, 2014, 50 (1): 101 - 143.

[4] Asseery A, Peel D A. Estimates of a traditional aggregate import demand model for five countries [J]. Economics Letters, 1991, 35 (4): 435 - 439.

[5] Bahmani-Oskooee M, Hegerty S W. Exchange-rate risk and U. S. - Japan trade: Evidence from industry level data [J]. Journal of the Japanese & International Economies, 2008, 22 (4): 518 - 534.

[6] Baig T, Goldfajn I. Financial Market Contagion in the Asian Crisis [J]. Imf Staff Papers, 1999, 46 (2): 167 - 195.

[7] Balassa B. Export incentives and export performance in developing countries: A comparative analysis [J]. Review of World Economics, 1978, 114 (1): 24 - 61.

[8] Balassa B. Exports and economic growth: Further evidence [J]. Journal of Development Economics, 1978, 5 (2): 181 - 189.

[9] Baldwin R. Hysteresis in Import Prices: The Beachhead Effect [J]. American Economic Review, 1988, 78 (4): 773 - 785.

[10] Basu K, Eichengreen B, Gupta P. From tapering to tightening: the im-

pact of the fed's exit on India [J]. 2014.

[11] Basurto G, Ghosh A R. The Interest Rate-Exchange Rate Nexus in the Asian Crisis Countries [J]. Imf Working Papers, 2000, 00 (19) .

[12] Belke A, Bordon I G, Volz U. Effects of global liquidity on commodity and food prices [J]. World Development, 2013, 44: 31 -43.

[13] Bénétrix A S, Lane P R, Shambaugh J C. International Currency Exposures, Valuation Effects, and the Global Financial Crisis [C] // Nber International Seminar on Macroeconomics. 2014.

[14] Bhagwati J N. Export-Promoting Trade Strategy: Issues and Evidence [J]. World Bank Research Observer, 1988, 3 (1): 27 -57.

[15] Bruce Morley, Eric J. Pentecost. Common trends and cycles in G - 7 countries exchange rates and stock prices [J]. Applied Economics Letters, 2000, 7 (1): 7 -10.

[16] Ca'Zorzi, M., Hahn, E., & Sánchez, M. (2007) . ERPT in emerging markets. The IUP Journal of Monetary Economics, 4, 84 -102.

[17] Campa J M, Goldberg L S. Exchange Rate Pass - Through into Import Prices: A Macro or Micro Phenomenon? [J]. Ssrn Electronic Journal, 2002, 87 (D/475): 679 -690.

[18] Cassel G. Money and foreign exchange after 1914 [M]. Macmillan, 1923.

[19] Chinn M D. Global Spillovers and Domestic Monetary Policy [J]. Bis Working Papers, 2013.

[20] Choudhri, E., & Hakura, D. (2006) . ERPT to domestic prices: Does the inflationary environment matter? Journal of International Money and Finance, 25, 614 -639.

[21] Corbo V, Mcnelis P D. The Pricing of Manufactured Goods during Trade Liberalization: Evidence from Chile, Israel, and Korea [J]. Review of Economics & Statistics, 1989, 71 (3): 491 -499.

[22] Dees S, Holly S, Pesaran M H, et al. Long run macroeconomic relations in the global economy [J]. 2007.

[23] Dees S, Mauro F, Pesaran M H, et al. Exploring the international linkages of the euro area: a global VAR analysis [J]. Journal of applied econometrics, 2007, 22 (1): 1 -38.

[24] Dixit A. Hysteresis, import penetration, and exchange rate pass-through [J]. The Quarterly Journal of Economics, 1989, 104 (2): 205-228.

[25] Dornbusch R. Expectations and Exchange Rate Dynamics [J]. Journal of Political Economy, 1976, 84 (6): 1161-1176.

[26] Dornbusch R. Intergenerational and international trade [J]. Journal of International Economics, 1985, 18 (1): 123-139.

[27] Dwyer J, Kent C, Pease A. Exchange Rate Pass-Through: The Different Responses of Importers and Exporters [J]. Rba Research Discussion Papers, 1993.

[28] Edwards S. Exchange Controls, Devaluations, and Real Exchange Rates: The Latin American Experience [J]. Economic Development & Cultural Change, 1989, 37 (3): 457-494.

[29] Edwards, Sebastian. Economic adjustment and exchange rates in developing countries / [M]. University of Chicago Press, 1986.

[30] Einzig. The Comedy of the Pound (Rev) [J]. Sight & Sound, 1935, 16 (2): págs. 47-48.

[31] Engel C M, Morley J. The Adjustment of Prices and the Adjustment of the Exchange Rate [J]. Social Science Electronic Publishing, 2001, 22 (2): 266-291.

[32] Engel C M, Rogers J H. Regional Patterns in the Law of One Price: The Roles of Geography vs. Currencies [J]. Social Science Electronic Publishing, 1998: 153-188.

[33] Ethier W. International trade and the forward exchange market [J]. The American Economic Review, 1973, 63 (3): 494-503.

[34] Fama E F. Spot and forward exchange rates [J]. Journal of Monetary Economics, 1984, 14: 319-338.

[35] Faria A, Mauro P, Lane P R, et al. THE SHIFTING COMPOSITION OF EXTERNAL LIABILITIES [J]. Journal of the European Economic Association, 2007, 5 (2-3): 480-490.

[36] Feder G. On Exports and Economic Growth [J]. Journal of Development Economics, 1983, 12 (1): 59-73.

[37] Feldman D, Dornbusch R. Open Economy Macroeconomics [J]. Comparative Economic Studies, 1994, 36 (2): 90-91.

[38] Fleming J M, Mundell R A. Official intervention on the forward exchange market: a simplified analysis [J]. Staff Papers, 1964, 11 (1): 1-19.

[39] Fleming J M. Domestic financial policies under fixed and under floating exchange rates [J]. Staff Papers, 1962, 9 (3): 369-380.

[40] Franke G. Exchange rate volatility and international trading strategy [J]. Journal of International Money & Finance, 1991, 10 (2): 292-307.

[41] Frankel J A. The diversifiability of exchange risk [J]. Journal of International Economics, 1979, 9 (3): 379-393.

[42] Gagnon J E, Ihrig J. Monetary policy and exchange rate pass-through [J]. Social Science Electronic Publishing, 2001, 9 (4): 315-338.

[43] Gertler M, Karadi P. A model of unconventional monetary policy [J]. Journal of monetary Economics, 2011, 58 (1): 17-34.

[44] Ghosh A R, Wolf H C. On the Mark (s) Optimim Currency Areas in Germany [J]. Working Papers, 1996.

[45] Giovannini A. macroeconomics of exchange-rate and price-level interactions [J]. 1988.

[46] Gourinchas P O, Rey H. From World Banker to World Venture Capitalist: US External Adjustment and the Exorbitant Privilege [J]. Cepr Discussion Papers, 2005, 24 (4): 303-307.

[47] Grossman G M, Helpman E. Trade, Innovation, and Growth [J]. American Economic Review, 1990, 80 (2): 86-91.

[48] Gurara D Z, Ncube M. Working Paper 183 - Global Economic Spillovers to Africa-A GVAR Approach [J]. Working Paper, 2013.

[49] Hannoun H. 20120216 Bank for International Settlements: Monetary policy in the crisis-testing the limits of monetary policy (Speech by Deputy General Manager) [J]. Korea, 2012.

[50] Harbo I, Johansen S, Nielsen B, et al. Asymptotic inference on cointegrating rank in partial systems [J]. Journal of Business & Economic Statistics, 1998, 16 (4): 388-399.

[51] Hooper P, Mann C L. Exchange Rate Pass-Through in the 1980s: The Case of U. S. Imports of Manufactures [J]. Brookings Papers on Economic Activity, 1989, 1989 (1): 297-337.

[52] J. S. L. McCombie, A. P. Thirlwall. The Dynamic Harrod Foreign Trade Multiplier and the Demand-orientated Approach to Economic Growth: an Evaluation [J]. International Review of Applied Economics, 1997, 11 (1): 5 -26.

[53] Johansen S. Testing weak exogeneity and the order of cointegration in UK money demand data [J]. Journal of Policy modeling, 1992, 14 (3): 313 -334.

[54] Joyce J P, Razo-Garcia R. Reserves, quotas and the demand for international liquidity [J]. Review of International Organizations, 2011, 6 (3 -4): 393 -413.

[55] Kamin S B, Rogers J H. Output and the real exchange rate in developing countries: an application to Mexico [J]. Journal of Development Economics, 2000, 61 (1): 85 -109.

[56] Karoro T D, Aziakpono M J, Cattaneo N. exchange rate pass-through to import prices in south africa: is there asymmetry? [J]. South African Journal of Economics, 2009, 77 (3): 380 -398.

[57] Kim B J C, Mo S. Cointegration and the long-run forecast of exchange rates [J]. Economics Letters, 1995, 48 (3 -4): 353 -359.

[58] Kohlscheen, E. (2010) . Emerging floaters: Pass-throughs and (some) new commodity currencies. Journal of International Money and Finance, 29, 1580 -1595.

[59] Kravis I B, Lipsey R E. Export Prices and the Transmission of Inflation [J]. American Economic Review, 2001, 67 (1): 155 -163.

[60] Kravis I B, Lipsey R E. Price Behavior in the Light of Balance of Payments Theories [J]. Journal of International Economics, 1977, 8 (2): 193 -246.

[61] Krugman P. Strategic Trade Policy and the New International Economics [M] // Strategic trade policy and the new international economics /. MIT Press, 1986: 526 -529.

[62] Lane P R, Milesi-Ferretti G M. The external wealth of nations: measures of foreign assets and liabilities for industrial and developing countries [J]. Journal of International Economics, 1999, 55 (2): 263 -294.

[63] Lane P R, Milesiferretti G M. The International Equity Holdings of Euro Area Investors [J]. Ssrn Electronic Journal, 2006.

[64] Lei J, Liu K. US money supply and global business cycles: 1979 – 2009 [J]. Applied Economics, 2015, 47 (52): 5689 – 5705.

[65] Leith J C. The exchange rate and the price level in a small open economy: Botswana [J]. Journal of Policy Modeling, 1991, 13 (2): 309 – 315.

[66] Li K, Mu Y, Li K, et al. Exchanged Crossed Cube: A Novel Interconnection Network for Parallel Computation [J]. IEEE Transactions on Parallel & Distributed Systems, 2013, 24 (11): 2211 – 2219.

[67] Lindert P H. Key currencies and gold, 1900 – 1913 [M]. International Finance Section, Princeton University, 1969.

[68] Macdonald R, Nagayasu J. The Long-Run Relationship between Real Exchange Rates and Real Interest Rate Differentials: A Panel Study [J]. Imf Staff Papers, 2000, 47 (1): 116 – 128.

[69] Mann C. Prices, profit margins, and exchange rates [J]. Federal Reserve Bulletin, 1986: 366 – 379.

[70] Marston R C. Price behavior in Japanese and U. S. manufacturing [J]. Nber Chapters, 1990.

[71] Mccallum B T. A semi-classical model of price-level adjustment [C] // Carnegie-rochester Conference Series on Public Policy. National Bureau of Economic Research, Inc, 1994: 251 – 284.

[72] Mccarthy J. Pass-through of exchange rates and import prices to domestic inflation in some industrialized economies [C] // Federal Reserve Bank of New York, 2000: 511 – 537.

[73] Mckenzie M D, Brooks R D. The impact of exchange rate volatility on German-US trade flows [J]. Journal of International Financial Markets Institutions & Money, 1997, 7 (1): 73 – 87.

[74] Mckenzie M D. The impact of exchange rate volatility on Australian trade flows [J]. Journal of International Financial Markets Institutions & Money, 1998, 8 (1): 21 – 38.

[75] Menon J. Exchange rate pass-through [J]. Journal of Economic Surveys, 1995, 9 (2): 197 – 231.

[76] Mundell R A. An Exposition of Some Subtleties in the Keynesian System [J]. Weltwirtschaftliches Archiv, 1964, 93: 301 – 313.

[77] Mundell R A. Capital Mobility and Stabilization Policy Under Fixed and Flexible Exchange Rates [J]. Canadian Journal of Economics & Political Science, 1963, 29 (4): 475 -485.

[78] Mundell R. Does Asia need a common currency [M]. Exchange Rate Regimes and Macroeconomic Stability. Springer, Boston, MA, 2003: 61 -75.

[79] Nadalde Simone F, Razzak W A. Nominal Exchange Rates and Nominal Interest Rate Differentials [J]. Social Science Electronic Publishing, 2006, 99 (141) .

[80] Neely C J, Dey S R. A Survey of Announcement Effects on Foreign Exchange Returns [J]. Federal Reserve Bank of St Louis Review, 2010, 92 (Sep): 417 -464.

[81] Nicholas Taylor. US inflation-indexed bonds in the long run: a hypothetical view [J]. Applied Financial Economics, 2000, 10 (6): 667 -677.

[82] Obstfeld M, Rogoff K S. The intertemporal approach to the current account [M]. Elsevier, 1995.

[83] Ozyildirim* S, Yaman B. Optimal versus adequate level of international reserves: evidence for Turkey [J]. Applied Economics, 2005, 37 (13): 1557 -1569.

[84] Pesaran M H. General diagnostic tests for cross section dependence in panels [J]. 2004.

[85] Pollard P S, Coughlin C C. Size Matters: Asymmetric Exchange Rate Pass-Through at the Industry Level [J]. Working Papers, 2004 (2003 -029) .

[86] Poon W C, Choong C K, Habibullah M S. Exchange Rate Volatility and Exports for Selected East Asian Countries: Evidence from Error Correction Model [J]. Asean Economic Bulletin, 2005, 22 (2): 144 -159.

[87] Portes R. Monetary Policies and Exchange Rates at the Zero Lower Bound [J]. Journal of Money Credit & Banking, 2012, 44 (s1): 157 -163.

[88] Przystupa J, Wróbel E. Asymmetry of the Exchange Rate Pass-Through An Exercise on Polish Data [J]. Eastern European Economics, 2009, 49 (1): 30 -51.

[89] Richardson J D. Some empirical evidence on commodity arbitrage and the law of one price [J]. Journal of International Economics, 1978, 8 (2): 341 -351.

[90] Robinson J. The foreign exchanges [J]. Essays in the Theory of Employment, 1937, 2.

[91] Salomon D S, Kim N, Saeki T, et al. Transforming growth factor-alpha: an oncodevelopmental growth factor [J]. Cancer Cells, 1990, 2 (12): 389 - 397.

[92] Salto M, Pietra T. Welfare and excess volatility of exchange rates [J]. Economic Theory, 2013, 52 (2): 501 - 529.

[93] Sauer C, Bohara A K. Exchange Rate Volatility and Exports: Regional Differences between Developing and Industrialized Countries [J]. Review of International Economics, 2010, 9 (1): 133 - 152.

[94] Sebastian Edwards. Real Exchange Rate Variability: An Empirical Analysis of the Developing Countries Case [J]. International Economic Journal, 1986, volume 1 (1): 91 - 106.

[95] Shaw E S, Mckinnon R I. Money and finance in economic growth and development [M]. M. Dekker, 1976.

[96] So R W. Price and volatility spillovers between interest rate and exchange value of the US dollar [J]. Global Finance Journal, 2001, 12 (1): 95 - 107.

[97] Tille C. The Impact of Exchange Rate Movements on U. S. Foreign Debt [J]. Current Issues in Economics & Finance, 2005, 9 (Jan).

[98] Volz U. Exchange Rate Options for East Asia [J]. 2010.

[99] Voss G M, Willard L B. Monetary policy and the exchange rate: Evidence from a two-country model [J]. Journal of Macroeconomics, 2009, 31 (4): 708 - 720.

[100] Wilson P. Exchange Rates and the Trade Balance: Korea Experience 1970 to 1996 [J]. Seoul Journal of Economics, 2000 (Summer).

[101] Zelekha Y, Bar-Efrat O. The link between exchange rate uncertainty and Israeli exports to the US: 2SLS and cointegration approaches [J]. Research in Economics, 2011, 65 (2): 100 - 109.

[102] 白凡．对外贸易差额与货币供给——基于国别面板数据的实证研究 [J]．湖南大学学报（社会科学版），2013，27（06）：74 - 78.

[103] 白钦先，张志文．人民币汇率变动对 CPI 通胀的传递效应研究 [J]．国际金融研究，2011（12）：38 - 46.

[104] 毕玉江，朱钟棣．人民币汇率变动的价格传递效应——基于协整与

误差修正模型的实证研究［J］. 财经研究, 2006, 32（7）: 53－62.

［105］毕玉江, 朱钟棣. 人民币汇率变动与出口价格: 一个分析框架与实证检验［J］. 世界经济研究, 2007（1）: 41－47.

［106］曹伟, 罗浩, 邓升军. 人民币汇率传递对我国物价水平影响的实证分析: 2005～2008［J］. 世界经济研究, 2009（4）: 25－31.

［107］曹伟, 倪克勤. 人民币汇率变动的不完全传递——基于非对称性视角的研究［J］. 数量经济技术经济研究, 2010（7）: 105－118.

［108］陈国伟, 夏江. 人民币实际汇率变动对总产出影响的实证分析［J］. 经济科学, 2002, Vol. 24（4）: 49－55.

［109］崔百胜, 赵星, 张毅. 汇率波动加剧、资本流入反应与货币政策效应［J］. 国际贸易问题, 2016（07）: 153－164.

［110］戴觅, 徐建炜, 施炳展. 人民币汇率冲击与制造业就业——来自企业数据的经验证据［J］. 管理世界, 2013（11）: 14－27＋38＋187.

［111］戴祖祥. 我国贸易收支的弹性分析: 1981～1995［J］. 经济研究, 1997（7）: 55－62.

［112］范跃进, 杨明, 张蕊蕊. G－3汇率波动对中国商品价格影响的实证分析［J］. 山东社会科学, 2011（10）: 142－145.

［113］范志勇, 沈俊杰. 估值效应与中国外汇储备损益评估［J］. 学习与探索, 2009（4）: 138－141.

［114］范志勇, 向弟海. 汇率和国际市场价格冲击对国内价格波动的影响［J］. 金融研究, 2006（2）: 36－43.

［115］封福育. 人民币汇率波动对出口贸易的不对称影响——基于门限回归模型经验分析［J］. 世界经济文汇, 2010（2）: 24－32.

［116］顾标, 周纪恩. 真实汇率与真实利率差异——基于人民币真实汇率的实证研究［J］. 经济学, 2008, 7（1）: 283－296.

［117］管涛. 新兴市场对美货币政策回溢效应［J］. 中国金融, 2016（1）: 37－38.

［118］郭树华, 王华, 王俐娴. 中美利率与汇率联动关系的实证研究: 2005～2008［J］. 国际金融研究, 2009（4）: 17－24.

［119］海闻, 沈琪. 中国进出口弹性实证分析: 1999～2003年［J］. 经济与管理研究, 2006（1）: 34－36.

［120］何慧刚. 人民币利率—汇率联动协调机制的实证分析和对策研究

[J]. 国际金融研究, 2008 (8): 51-57.

[121] 何新华, 吴海英, 刘仕国. 人民币汇率调整对中国宏观经济的影响[J]. 世界经济, 2003 (11): 13-20.

[122] 贺力平, 林娟. 论外汇投资中的估值效应及其经济影响 [J]. 金融评论, 2011, 3 (06): 33-48+123.

[123] 贺力平. 估值效应和货币错配再定义: 兼论汇率风险概念的一个宏观经济新应用 [J]. 国际金融研究, 2015 (09): 86-96.

[124] 黄世达, 张欣. 汇率变动对出口价格传递的非对称效应研究 [J]. 重庆科技学院学报 (社会科学版), 2014 (5): 34-36.

[125] 黄宪, 杨子荣. 中国货币政策会冲击到美国货币政策吗——基于效应外溢的视角 [J]. 国际金融研究, 2016 (01): 15-27.

[126] 嵇一. 大宗商品的美元计价与美元地位: 经验实证分析 [D]. 上海交通大学, 2014.

[127] 贾凯威. 基于非对称 ARDL 模型的汇率传递计量研究 [J]. 统计与决策, 2016 (4): 159-162.

[128] 姜璐. 论人民币对美元的名义汇率与中国对美国出口的关系——1997~2005 年季度数据分析 [J]. 经济与管理评论, 2007, 23 (1): 113-118.

[129] 姜昱, 邢曙光, 杨胜刚. 人民币汇率传递的不对称效应 [J]. 金融经济学研究, 2010 (4): 14-21.

[130] 李波, 王国松. 人民币汇率传递效应的不对称性实证研究 [J]. 商业时代, 2013 (26): 66-67.

[131] 李建伟, 余明. 人民币有效汇率的波动及其对中国经济增长的影响[J]. 世界经济, 2003 (11): 21-34.

[132] 李未无. 实际汇率与经济增长: 来自中国的证据 [J]. 管理世界, 2005 (2): 17-26.

[133] 李艳丽, 杨峰. 人民币汇率及预期对进口价格的门限传递效应: 考虑边际成本可变性的分析 [J]. 世界经济研究, 2016 (10): 62-75.

[134] 李颖. 人民币汇率变动对进口价格传导效应的实证研究 [J]. 经济评论, 2008 (5): 77-85.

[135] 厉以宁. 论汇率调整时机的选择 [J]. 经济学家, 1991, 1 (1): 31-37.

[136] 廉政, 王可. 汇率波动对社会福利的影响研究——基于新开放宏

观经济模型［J］. 理论月刊，2018（05）：138－147.

［137］廖泽芳，雷达．全球经济失衡的利益考察——基于估值的视角［J］. 世界经济研究，2012（9）：3－10.

［138］林毅夫．中国经济研究：北京大学中国经济研究中心内部讨论稿选编［M］. 北京大学出版社，2000.

［139］刘军，佘传奇．中美日汇率传递效应的比较研究［J］. 金融理论与实践，2014（12）：91－96.

［140］刘琨．估值效应的规模及结构的测算理论与方法研究——基于中、美、日及欧元区的比较分析［J］. 世界经济研究，2016（1）：57－65.

［141］刘思跃，许心星，代杨芳．人民币汇率变动对价格传递效应的差异研究［J］. 技术经济，2010，29（10）：80－84.

［142］刘尧成，周继忠，徐晓萍．人民币汇率变动对我国贸易差额的动态影响［J］. 经济研究，2010（5）：32－40.

［143］刘一楠，宋晓玲．不确定性、风险异质与“利率—汇率”随机动态均衡：理论与实证［J］. 世界经济研究，2016（12）：25－35＋132.

［144］卢万青，陈建梁．人民币汇率变动对我国经济增长影响的实证研究［J］. 金融研究，2007（2a）：26－36.

［145］卢向前，戴国强．人民币实际汇率波动对我国进出口的影响：1994～2003［J］. 经济研究，2005（5）：31－39.

［146］路妍，吴琼．量化宽松货币政策调整对人民币汇率变动的影响分析［J］. 宏观经济研究，2016（2）：137－149.

［147］路妍，吴琼．量化宽松货币政策调整对人民币汇率变动的影响研究——基于 Markov Switching 计量方法的分析［J］. 宏观经济研究，2017（4）：99－111.

［148］罗胤瑾．汇率不完全传递的非对称性——基于进口商品价格的实证研究［D］. 暨南大学，2014.

［149］罗忠洲，李宁．日元实际汇率与长期实际利率的实证分析：1971～2002［J］. 金融研究，2006（1）：99－108.

［150］吕剑．人民币汇率变动对国内物价传递效应的实证分析［C］. 金融创新、金融发展与风险防范国际学术研讨会，2007.

［151］吕亚平．人民币汇率变动对国内物价水平的影响［D］. 天津财经大学，2012.

[152] 潘锡泉．中美利率和汇率动态效应研究：理论与实证——基于拓展的非抛补利率平价模型的研究 [J]．国际贸易问题，2013 (06)：76－87.

[153] 沈国兵，史晋川．汇率制度的选择：不可能三角及其扩展 [J]．世界经济，2002 (10)：3－9.

[154] 沈国兵．汇率制度的选择：理论综述及一个假说 [J]．世界经济文汇，2002 (3)：63－80.

[155] 沈国兵．贸易统计差异与中美贸易平衡问题 [J]．经济研究，2005 (6)：82－93.

[156] 沈国兵．美中贸易收支与人民币汇率关系：实证分析 [J]．当代财经，2005 (1)：43－47.

[157] 史晋川，沈国兵．论制度变迁理论与制度变迁方式划分标准 [J]．经济学家，2002 (1)：41－46.

[158] 宋效军，陈德兵，任若恩．我国外部均衡调节中的估值效应分析 [J]．国际金融研究，2006 (3)：57－61.

[159] 谭小芬，王雅琦，卢冰．汇率波动、金融市场化与出口 [J]．金融研究，2016 (3)：15－30.

[160] 王爱俭，林楠．人民币名义汇率与利率的互动关系研究 [J]．经济研究，2007，42 (10)：56－67.

[161] 王博，刘澜飚．金融渠道对中国外部失衡调整的影响研究 [J]．经济学动态，2013 (11)：82－87.

[162] 王大为，孙文奕．美国退出量化宽松货币政策对新兴经济体的影响 [J]．经济纵横，2016 (3)：119－122.

[163] 王胜，田涛．中国对外直接投资区位选择的影响因素研究——基于国别差异的视角 [J]．世界经济研究，2013 (12)．

[164] 王胜，田涛．人民币汇率对 CPI 传递效应分析——基于均值与波动溢出层面的视角 [J]．国际金融研究，2015 (04)：87－96.

[165] 王帅林．人民币汇率波动对中国货币供给影响研究 [J]．广东金融学院学报，2012，27 (03)：103－115.

[166] 王雅琦，戴觅，徐建炜．汇率、产品质量与出口价格 [J]．世界经济，2015 (5)：17－35.

[167] 魏巍贤．人民币升值的宏观经济影响评价 [J]．经济研究，2006 (4)：47－57.

[168] 冼国明，石庆芳．人民币汇率波动对中国物价水平的影响——汇率制度变迁视角 [J]．财贸研究，2014 (4)：130－138.

[169] 肖立晟，陈思翀．中国国际投资头寸表失衡与金融调整渠道 [J]．经济研究，2013 (07)：20－34.

[170] 肖卫国，吴越，赵阳．汇率不完全传递背景下美国货币政策冲击对中国产出影响研究 [J]．国际金融研究，2015，339 (5)：37－45.

[171] 谢博婕，西村友作，门明．汇率传递与国内物价水平关系研究——基于非对称性视角 [J]．北京工商大学学报（社会科学版），2014，29 (2)：46－51.

[172] 谢建国，陈漓高．人民币汇率与贸易收支协整研究与冲击分解 [J]．世界经济，2002 (9)：27－34.

[173] 杨经国．金融摩擦、国际金融危机传染与宏观政策 [D]．中央财经大学，2016.

[174] 张晗，何祚宇．金砖五国与 G7 国家汇率波动对物价与产出的影响——基于面板数据格兰杰因果关系检验 [J]．统计与决策，2014 (21)：153－158.

[175] 张明．人民币贬值与我国贸易收支的关系研究——关于国际收支弹性理论的实证分析 [J]．金融理论探索，2001 (1)：2－6.

[176] 张雪莹．存款准备金率调节对市场利率的影响效应研究 [J]．数量经济技术经济研究，2012，29 (12)：136－146.

[177] 赵大平．人民币汇率传递的不对称性及其对中国进出口的影响 [J]．会计与经济研究，2007，21 (6)：76－83.

[178] 赵华．人民币汇率与利率之间的价格和波动溢出效应研究 [J]．金融研究，2007 (3)：41－49.

[179] 赵永亮．结构性冲击对人民币实际汇率及我国产出的动态效应 [J]．经济学动态，2010 (2)：53－56.

[180] 郑经晃，周渐，陈璘涵．人民币汇率传递对我国价格水平的影响——基于非对称性视角的研究 [J]．时代金融，2015 (12)：215－217.

后　记

转眼间我在中央财经大学已经度过了十个年头，从一个懵懂无知的少年成长为一个略有所学的博士毕业生。校园里一草一木、一砖一瓦都见证了我在过去十年中的成长与蜕变。临近毕业之际，人也变得惆怅起来，走在校园里满眼都是青春的影子，心里都是依依不舍的愁绪。我在这里拜会了许多令人尊敬的师长，结识了许多优秀的同学朋友，也发生了许多的故事，有喜有忧，有愁有乐。春去秋来，时光荏苒，这些年的这些人、这些事在我心里刻下了深深的中财印记。

博士是孤独的，或者说，经历过孤独的博士生活才是完整的。回想过去这一年多一个人在书架中徘徊、在书桌前思考、在电脑上敲打字符的日子，充满了孤独的辛酸，但更多的是沉甸甸的收获的幸福感。感谢过去自己曾经的努力，才能有最后收获的时刻；更要感谢一直鼓励我、支持我、陪伴我的师长、家人、同学和朋友。

首先要感谢的是我的导师李健教授。2012 年刚入学的时候，在机缘巧合之下有幸选择了李老师作为硕博连读导师。六年的硕博连读期间，跟李老师不仅学到了许多知识，也学到了严谨的治学态度，更学到了许多做人的道理。感谢我的父母和两个姐姐，他们是我最坚实的后盾，一直鼓励我、督促我不断努力。还要感谢我女朋友，宋诗蕊女士，在我博士期间不离不弃，在异地陪我度过许多重压、焦虑的日子。最后，还要感谢我硕士、博士的同学、朋友，尤其是我的硕士室友高见、廖新华、特日文、杨朝楼、李帅、齐振洋，博士室友齐欣林、张少哲、唐国豪、杨育龙，以及同门同学高扬、杨娜、钱婧、王敏等。这些是在我读书期间一起生活的同学，他们对我有诸多的帮助、鼓励，留下了许多快乐美好的回忆。还要感谢我师门的师兄师姐们，彭俞超师兄、彭丹丹师姐、马志扬师兄、杨晓东师兄、乔博师兄等，感谢他们对我的关心和鼓励，对我论文的指导和帮助。

最后还要特别感谢我博士论文的两位副导师，王忏老师和王雅琦老师。他们在百忙之中抽出时间来指导我的论文，在我写作修改过程中提出了许多宝贵的意见，非常感谢两位老师。

博士生活将告一段落，学生的生涯也将画上一个句号。马上我将步入社会、开始工作生活。我将牢记老师的教诲，不负所托，脚踏实地，努力工作，认真生活，对社会、对他人尽自己的微薄之力。

廉政

2019 年 8 月